MILITARIA

Jan K. Kube

Sonderausgabe des Corvus-Verlages
mit freundlicher Genehmigung des
Podzun-Pallas-Verlages

Die Abbildungen stammen aus dem Archiv des Autors
Umschlagentwurf: Roberto Patelli
Druck und Bindung: Mladinska knjiga, Ljubljana
ISBN: 3-87540-150-6

Jan K. Kube

MILITARIA

Ein Bilderbuch für Sammler und Freunde alter Helme und Uniformen

Corvus

Preußen; Helmadler für Mannschaften des Inf. Regts. Nr. 87, ab 1899.

Preußen; Helmadler für Offiziere der Garde-Landwehr, ab 1860.

INHALT

1

1 Kaiser Wilhelm II. mit der Uniform eines K. u. K. Österreichisch-Ungarischen Feldmarschalls in Paradeadjustierung. Aufnahme von 1902. Den vorgenannten Rang erhielt Wilhelm II. am 4. Mai 1900. Vergleiche hierzu die farbige Abbildung einer Originaluniform auf dem Titelbild, hier jedoch mit den Abzeichen eines Generalmajors. Aufnahme im Besitz der Stichting Huis Doorn.

VORWORT

Dieses Buch wurde für Sammler und Freunde historischer Uniformen und Helme zusammengestellt. Im Vordergrund steht das Bildmaterial, das dem interessierten Laien und dem Kenner gleichermaßen Freude bereiten soll.
Vorgestellt werden Kopfbedeckungen, Uniformen und Ausrüstungsstücke der Heere und Truppenverbände der deutschen Königreiche, Großherzogtümer, Herzogtümer, Landgrafschaften, Fürstentümer und Hansestädte, wobei eine Vollständigkeit weder angestrebt wurde noch realisierbar ist. Bei der Länderbenennung wurde die Bezeichnung der Staatsform nicht ständig vorangesetzt, hierzu dient der Überblick am Schluß des Bandes. Auch erlaubte es der Umfang des Buches nicht, auf Militaria ausländischer Staaten einzugehen, obwohl besonders bei Kopfbedeckungen viele Übereinstimmungen festzustellen wären; es könnte dies die Aufgabe eines folgenden Bandes werden.
Keinesfalls erhebt dieses Buch den Anspruch eines wissenschaftlichen Werkes; zur Beschäftigung und Vertiefung mit Militaria soll vielmehr das im Anhang beigegebene Literaturverzeichnis anregen; und für diejenigen Leser, die sich hier zum ersten Mal mit historischen Militaria befassen, mag es eine Hilfe sein, den überraschend umfangreichen, kulturhistorisch wichtigen Bereich Uniformkunde zu entdecken.
Zum großen Teil stammen die Fotos und Bilddokumente aus dem Archiv des Verfassers, es ist jedoch an dieser Stelle auch sehr zu danken der Stichting Huis Doorn, Holland, die die Erlaubnis zur Aufnahme und Veröffentlichung der Uniformbestände Kaiser Wilhelm II. gab; dem Leiter des Bayerischen Armeemuseums in Ingolstadt, Herrn Dr. Ernst Aichner für Fotos bayerischer Kostbarkeiten; den Herren Peter Wacker und Gerd M. Schulz sowie den ungenannt bleiben wollenden Sammlern, die bereitwillig ihre Schätze fotografieren ließen.
Besonderer Dank gilt meinem Schwager, Herrn Michael Kremnitz, der in den letzten 15 Jahren unermüdlich meine Fotowünsche erfüllte.
Dank auch dem Verleger, Herrn Ahnert vom Podzun-Pallas-Verlag in Friedberg/Hessen für das Zustandekommen und die großzügige Ausstattung des Bandes.

Schloß Sugenheim, im Sommer 1987 — Jan K. Kube

Preußen; Schabrackenemblem des Leib-Kürassier-Regts., 1902.

Der Begriff »Militaria« stammt aus dem Lateinischen. »Res Militaria« bedeutet soviel wie »Kriegswesen« überhaupt, ein Oberbegriff alles Militärischen schlechthin.
Auch heute ist »Militaria« ein Sammelbegriff dessen, womit sich der Militärwissenschaftler und der Sammler gleichermaßen beschäftigen; sei es nun das Sammeln von Helmen, Uniformen, Ausrüstungsstücken und sonstigen militärhistorischen Erinnerungsstücken oder das Studium vergangener, aber auch aktueller Taktik, Gefechtslehre, Festungsbaukunst oder Formations- und Fahnengeschichte, um nur einiges zu nennen.
Schon diese knappe Aufzählung zeigt die Vielschichtigkeit der Beschäftigung mit Militaria, eine Spezialisierung auf einen Teilbereich wird unvermeidbar sein, um als Sammler oder Historiker Erfolg haben zu können. Ganz bewußt sind bei der obigen Aufzählung zwei Dinge nicht genannt worden, die zwar dazugehören mögen, aber nicht unter dem Begriff »Militaria« eingeordnet werden sollen: Waffen und Orden.
Das Sammeln von Waffen, vor allem von Prunkwaffen, aber auch von Kriegsbeute, also dem einfachen Werkzeug des Soldaten, ist eine wesentlich ältere Leidenschaft, der Kaiser und Könige, Feldherren, Offiziere und Durchschnittsbürger im Rahmen ihrer Möglichkeit frönten. Es würde den Rahmen dieses Bandes sprengen, darauf auch nur im engsten, ordonnanzmäßigen, militärischen Bereich einzugehen. Zudem gibt es über Waffen aller Art, seien es nun Schutz- und Trutzwaffen, Militärwaffen oder Prunkwaffen eine Fülle ausgezeichneter Veröffentlichungen.
Orden und Ehrenzeichen sind zwar vom Soldaten- und Kriegswesen nicht wegzudenken, gehören aber nicht von vornherein zum Anzug oder zur Ausrüstung des Soldaten, sondern waren Auszeichnungen für außergewöhnliche Leistungen im Rahmen der soldatischen Tätigkeit. Zudem ist das Ordenswesen keinesfalls an das Kriegswesen oder den Soldatenstand gebunden, sondern hat seine Wurzeln im religiösen und allgemeinen gesellschaftlichen Bereich. Der Orden oder das Ehrenzeichen gehörte nur dann zur Uniform, wenn er oder es erworben wurde und somit zum Tragen befohlen wurde. Die Ordenskunde (Phaleristik) ist eine eigene Wissenschaft und berührt die Uniformkunde nur am Rande; der Militaria-Sammler wird sich mit Orden hauptsächlich dann beschäftigen, wenn es darum geht, Uniformfigurinen, vor allem höherer Dienstgrade entsprechend den auf den Waffenröcken befindlichen Ordensschlaufen, zu dekorieren.
Um die Mitte des 17. Jahrhunderts begann mit der Einführung regulärer, auch im Frieden unter Waffen stehender Heere bzw. Regimenter die Geschichte der Uniform, der einheitlichen militärischen Tracht. Bis dahin wurden nur zu aktuellen Auseinandersetzungen Söldnerheere geworben, die aber nach der Beendigung der Feindseligkeiten wieder entlassen wurden, darüberhinaus natürlich auch keine — wie auch immer geartete — Tradition oder Bindung an Landesherr oder Volk hatten. Nur innerhalb der königlichen Haustruppen finden sich alte Formationen, die über Jahrhunderte Bestand hatten, so z. B. die Kgl. Bayerische Leibgarde der Hartschiere, von der bereits 1580 verläßliche Nachrichten und Uniformbesonderheiten vermeldet wurden.
Der Begriff »Uniform« stammt aus dem Französischen (mit lateinischem Ursprung), und bedeutet wörtlich »eine Form«, also eine Einheitlichkeit innerhalb einer größeren Gruppe. Natürlich läßt sich eine Uniform des 17. Jahrhunderts nicht mit einer Paradeuniform der Garde-Infanterie des beginnenden 20. Jahrhunderts vergleichen. »Uniform« bedeutet in alter Zeit zunächst das Vorhandensein eines gemeinsamen Abzeichens, meist Schärpen oder Armbinden von gleicher Farbe.
Mit der Weiterentwicklung des Manufakturwesens und neu entwickelten Färbetechniken wurde es zu Beginn des 18. Jahrhunderts möglich, größere Stückzahlen einheitlicher Uni-

formen zu fertigen. Natürlich sieht der Landesherr im beginnenden Absolutismus; sofort seine Möglichkeiten, die ihm gehörenden Truppen unter anderem durch die Verwendung seiner Haus- und Wappenfarben zu kennzeichnen, seine Befehlsgewalt auszudrücken und eine — wenn auch erzwungene — »vaterländische Loyalität« ins Bild zu setzen. Der Begriff des »Obersten Kriegsherrn« entsteht mit dem Absolutismus, im gerade ein halbes Jahrhundert vorher beendeten Dreißigjährigen Krieg übte noch der Feldherr oder der Regimentsinhaber die absolute Befehlsgewalt aus, Beispiel hierfür ist Wallenstein, der dem Kaiser als »Graue Eminenz« schließlich zu mächtig wurde, so daß er ihn 1634 zu Eger ermorden ließ.

Preußen; Trommelemblem Ende 18. Jhdt.

Man darf sich also von einem Regiment des 18. Jahrhunderts zwar optisch ein schönes Bild machen, jedoch sicherlich nicht im Hinblick auf Zusammengehörigkeit, Moral oder gar Treue zum Landesherrn. Desertionen waren an der Tagesordnung, und selbst im als vorbildlich geltenden preußischen Heer waren bei den vielfach zwangsweise gepreßten (»geworbenen«) Soldaten die Gauner, Vorbestraften und Glücksritter zahlreich vertreten, so daß die Offiziere ihrer Regimenter nur mit drakonischen Zucht- und Strafbestimmungen Herr werden konnten.

Offiziere und Mannschaften wurden bereits in den Zeiten der Söldnerheere mit unterschiedlichen Dienstgradbezeichnungen benannt, und mit geringen Veränderungen haben sich diese Bezeichnungen bis in unsere moderne Zeit erhalten. Der gemeine Mann hieß seit alters her »Knecht« (Landsknecht), durchaus keine abwertende Bezeichnung, steckt doch der englische Begriff »knight«, also »Ritter« darin verborgen. Ein Knecht war in alter Zeit ein Dienstmann, also dem Sinn des Wortes nach ein Mann, der in eines anderen Diensten stand. Mit der Zeit verlor sich der altmodische Begriff »Knecht«, und der »einfache Mann« blieb.

Der »Gefreite« erklärt sich aus dem »Befreiten«, d. h. vom Wachestehen befreiter Mann, denn man nahm hierzu nur altgediente, zuverlässige Leute. So ist also diese Bezeichnung im ursprünglichen Sinne nicht unbedingt schmeichelhaft.

»Unteroffizier« bedeutet, direkt unter dem Offizier zu stehen. Oberoffiziere waren der Hauptmann, der Leutnant (siehe diesen) und der Fähnrich, während die Unteroffiziere Mittler zwischen den Gemeinen und den Oberoffizieren waren, die Ausbildung der Gemeinen besorgten und im Gefecht den richtigen Mann an den richtigen Platz stellten. Altgediente Unteroffiziere wurden meist zum Feldwebel befördert, es gab hierfür in den Regimentern entsprechende Planstellen. Entstanden ist der Begriff aus dem Wort »Feld« für die Gesamtheit der Krieger (vgl. auch Feldmarschall oder auch »Feld« als Begriff im Sport) und

dem Zeitwort weiben (weben), eine übertragene Bedeutung aus der Weberei, wo das »Weibel« (das Schiffchen) ebenso emsig hin und her saust wie der Feldwebel bei der Befehlsübermittlung.
Der »Wachtmeister«, ebenfalls ein Unteroffiziersdienstgrad dem Feldwebel entsprechend, hatte die Lagerwachen zu bestellen und zu beaufsichtigen. Meist wurden die Wachen von der Kavallerie gestellt, so daß dieser Dienstgrad schließlich der Kavallerie vorbehalten blieb.
Der »Hauptmann« stand an der Spitze der Kompanie, war also Anführer der kleinsten eigenständigen Formation. Sein Stellvertreter war der Leutnant, französisch »Lieutenant« (französisch »lieu« = der Ort, die Stelle; »tenir« = halten). Bei der Kavallerie hießen die Hauptleute seit alters her »Rittmeister«. Der »Fähnrich« führte ursprünglich die Fahne, später wird allgemein der Offiziersanwärter als Fähnrich bezeichnet (»Degenfähnrich« = darf den Offiziersdegen führen; »Portépée-Fähnrich« = darf das Offiziersportépée führen).
Stellenvermehrungen und Verstärkung der Regimenter, Bataillone und Kompanien führen zur Schaffung weiterer Offiziers-»Vertreter«-Stellen, so »Ober-Leutnant« und »Oberst-Leutnant«.
Der »Oberst« war der oberste Hauptmann, stand also dem Regiment vor, das in Kompanien unterteilt entsprechend viele Hauptleute (Hauptmänner) hatte, der Oberstleutnant war sein Stellvertreter.
Auch der Oberst hatte wieder neben seinem direkten Vertreter einen Wachtmeister unter sich, den »Oberst-Wachtmeister«. Schon früh hat sich dieser Begriff gewandelt, und das spanische Wort »majór« = Verwalter, Aufseher trat an dessen Stelle, so daß der »Major« entstand.
Dadurch erklären sich auch die Bezeichnungen der Generalität: Der kommandierende General, dann dessen »Vertreter«, der Generalleutnant und dessen »Wachtmeister«, der Generalmajor. So kommt es, daß für den Laien unverständlich der General-Leutnant über dem General-Major steht, obwohl dieser doch der »Ranghöhere« sein müßte.
In der »Alten Armee« vor 1918 kommandierten Generalmajore jeweils eine Brigade (die aus 2 Regimentern bestand); Generalleutnante die Divisionen (kombiniert aus 2 Infanterie-, 1 Kavallerie- und 1 Feldartillerie-Brigade, deren Landwehr- und Reservetruppen und Sonderverbände wie Pioniere, Train usw.); die Generale jeweils ein Armeekorps, das aus 2 Divisionen bestand. Die Generalobersten standen den Armee-Inspektionen als »General-Inspekteure« vor; hier waren jeweils 3 Armeekorps unterstellt. Die Ränge des »Generalobersten mit dem Rang eines Generalfeldmarschalls« und des »Generalfeldmarschalls« beinhalteten den Oberbefehl über eine Heeresgruppe, wobei der erstere Rang oft auch ein Ehrentitel für eine fürstliche Person sein kann.
Besondere Formationen und Verbände weichen von diesem Schema ab, viele Ausnahmen, in den Ranglisten ersichtlich, belegen dies.
Im Verlauf des 18. Jahrhunderts wird die Uniformierung nicht nur im Heer, sondern auch innerhalb der einzelnen Regimenter immer einheitlicher, und bestimmte Farben und Einzelheiten geben den Regimentern ein eigenes Erscheinungsbild. Erfolge in kriegerischen Auseinandersetzungen bringen den einzelnen Regimentern besondere Abzeichen wie Ehrentroddeln, Auszeichnungsbänder an Helmwappen, Uniformbesonderheiten oder Vorrechte in verschiedenen Bereichen. Eines dieser Abzeichen, die »Cassano-Troddel« zur Erinnerung an die Schlacht bei Cassano am 16. August 1705, in der preußischen Armee zuletzt getragen bei der 7. und 8. Kompanie des Kaiser Alexander Garde-Grenadier-Regiments Nr. 1, hält sich fast ein Vierteljahrtausend, wurde diese Ehrentroddel doch noch bei der Wehrmacht bis 1945 von der 3. Kompanie des Infanterie-Regiments 67 getragen. Es ist zwar

inzwischen durch heereskundliche Forschungen erwiesen, daß der Ursprung Cassano nicht richtig sein kann, dessen ungeachtet wurde an der einmal gehabten Tradition festgehalten. Sicherlich ein bezeichnendes Beispiel für andere, ähnliche Fälle. Nichtsdestoweniger ist die Tradition im militärischen Bereich von großer Wichtigkeit gewesen und diente dem soldatischen Zusammenhalt.

Kaiser Wilhelm II. (regierte 1888 - 1918) besaß eine besondere Vorliebe für die Zeit seines Vorfahren Friedrich des Großen (1712 - 1786) und gab einigen seiner Regimenter wieder Abzeichen, die an diese glorreiche Epoche erinnern sollten, so die Grenadiermützen des 1. Garde-Regiments (1894), die Ringkragen des Regiments der Gardes du Corps (1912), des Leib-Kürassier-Regiments (1896) und des Königin-Kürassier-Regiments (1895), um nur die wichtigsten zu nennen.

Auch kuriose Begebenheiten begründeten Uniform-Besonderheiten. So vergaß Kaiser Wilhelm I., bereits hochbetagt, beim Besuch der Offiziere des Garde-Kürassier-Regiments den obersten Knopf seines Überrocks zu schließen — um den hohen Herrn nicht zu kompromittieren, öffneten flugs alle Offiziere ebenfalls den obersten Knopf. So war eine Peinlichkeit umgangen und eine Besonderheit entstanden.

Zurück zur Uniformierung. Standesabzeichen des Offiziers war der Ringkragen, ein Rest des ritterlichen Harnischs, der sich aus der Halsberge entwickelte und zuletzt als halbmondförmiges Schild an seidenem Band um den Hals getragen wurde. Diese Ringkragen boten sich an, das Wappen des Landesherrn oder des Regimentsinhabers aufzulegen. Je nach finanziellen Möglichkeiten konnte dies mehr oder weniger aufwendig geschehen. Um den Leib trug der Offizier die Schärpe, in den Landesfarben gewirkt.

Preußen; Schellenbaumfahne des Inf.Regts. Prinz Louis Ferdinand v. Preußen (2. Magdeburgisches) Nr. 27, um 1912.

Weitere Rangabzeichen, vor allem die Offiziersgrade betreffend, gab es im 18. Jahrhundert nicht. Allein am Alter des Offiziers hatte man einen Anhaltspunkt für den Rang. Wichtigstes Ehren-Abzeichen des Offizieres war das »port-épée«, im Deutschen »Portepee« geschrieben. Wörtlich aus dem Französischen = der »Degen-Träger« diente es ursprünglich dazu, die Blankwaffe fest mit dem Handgelenk zu verbinden, so daß diese nicht verloren werden konnte. Später nur noch Standesabzeichen wurde es für die Kavallerie, die »kämpfende Truppe« zum Faustriemen mit ursprünglicher Funktion; bei der Infanterie zu »Säbelquaste« oder »Troddel«. Ab 1816 dienen unterschiedliche Farben dieser Faustriemen und Troddeln zur Unterscheidung der Kompanien und Schwadronen.

Generale trugen ursprünglich die Uniform ihrer Regimenter, erst gegen Ende des 18. Jahrhunderts tauchen besondere Generalsuniformen auf, die im wesentlichen zu Beginn des 19. Jahrhunderts genau vorgeschrieben werden. Die Uniformauswüchse napoleonischer Generale und Marschälle bleiben bei manchem deutschen General nicht ohne Nachahmung, halten sich aber in Grenzen. Nur die Höhe der Generalshüte wird besonders in den 1820er Jahren zur beliebten Marotte. Offiziere mußten von jeher für ihre Bekleidung und Ausrüstung selbst aufkommen; bis in das 18. Jahrhundert hinein mußte ein Regimentsinhaber sogar oft sein ganzes Regiment aus eigener Tasche einkleiden, bewaffnen und unterhalten. Auch die Mannschaften bekamen ihre Uniformstücke nicht kostenfrei gestellt, es gab hierzu »Ökonomie-Reglements« und »Montur-Raten-Systeme«, durch deren Bezahlung die militärischen Bekleidungsstücke nach und nach in den Besitz des Mannes übergingen. Oft dauerte die Abzahlung der Monturschuld länger als die Bekleidungsstücke hielten. Etwa ab der Mitte des 19. Jahrhunderts setzte sich die kostenfreie Abgabe von Uniformstücken an die Mannschaften der Truppe durch.

Bayern; Koppelschloß Ende 18. Jhdt.

Die Montur-Ratensysteme bewährten sich jedoch insofern als die bisher gehandhabte Praxis, die Mannschaftsbekleidung durch die Obersten selbst liefern zu lassen deren Preiswillkür keine Grenzen setzte und oft den Mann in mehr Schulden trieb als nötig.

Im 18. Jahrhundert entstanden auch die bis in das 20. Jahrhundert gültigen Farben bei den Uniformen der größeren Staaten, so das preußische Blau, das russische Grün, das englische Rot, um nur einige zu nennen. Entscheidend für diese Farbwahl war, daß man die Tuchfärbung im eigenen Land herstellen konnte. Die kleineren, finanziell nicht so starken Länder glichen ihre Uniformfarben denjenigen Staaten an, mit denen sie verbündet oder liiert waren. In Österreich waren die Uniformen bis 1866 weiß, ebenso in Sachsen, das meist mit Österreich verbündet war. Eine solch strenge Farbordnung gab es jedoch nur bei der Infanterie, während bei der Kavallerie, vor allem bei den Husaren, eine weit buntere Uniform üblich war.

Baden; Artillerie-Offiziers-Kartuschkasten, ca. 1830.

Unter einer »weißen« Uniform darf man sich natürlich keinen blütenweißen Trachtenwollstoff vorstellen. Die Tuche des 18. Jahrhunderts waren ausgesprochen grob und rauh gewebt, mehr »naturfarben« als weiß, und die Uniformen wurden zudem ständig mit weißer Kalkfarbe oder nasser Kreide gestrichen (»gekollert«, nach französisch »couleur« = Farbe; vgl. hierzu auch den Ursprung des weißen »Kollers« der preußischen Kürassiere!). Der optische Eindruck dieser Tuchbehandlung war sicher nicht der beste, abgesehen von sonstigen Nachteilen wie Geruch oder ständigem Rieseln von Farbteilchen. Wichtig war nur der Farbeindruck der jeweiligen Truppe überhaupt, um Freund und Feind im Gefecht unterscheiden zu können. Die Vorderladerwaffen des 18. und 19. Jahrhunderts erzeugten im Gefecht einen derartigen Nebel, daß eine Unterscheidung der kämpfenden Parteien nur noch nach Farben möglich war.

Die Uniform des 17. und der ersten Hälfte des 18. Jahrhunderts hatte einen durchaus weiten, fast bequemen Schnitt. Mit der ständigen Vergrößerung der Heere mußten auch immer mehr neue Uniformen gefertigt und geliefert werden. So ist es nicht nur der Mode, sondern auch der »preußischen« Sparsamkeit zuzuschreiben, daß die Uniformschnitte immer enger und knapper wurden; daß es durchaus üblich war, daß der Soldat vom Tisch in seine Hose sprang, die ein Kamerad hielt, denn anders wäre er nicht hineingekommen. Jedoch nicht nur der Schnitt und die Farbe der Uniform wandelte sich, auch die Kopfbedeckung des Soldaten fand eine stete Wandlung.

Die Uniform konnte bei der weiteren Entwicklung der Technik nun aus feineren Tuchen gefertigt werden, jedoch konnten wohl vornehmlich nur die Offiziere von dieser Entwicklung profitieren. Die Putz- und Schmucksucht der Offiziere, die schon zum Ende des 18. Jahrhunderts stark kritisiert wird, findet nun in der beginnenden »neuen Zeit« ihre Krönung, die Versuche der einzelnen Landesherren, der Ausuferung dieser Mode Herr zu werden, mißlingen mehr oder minder. Auch die Uniformen der Mannschaften erhalten ein durchaus besseres Aussehen und Bequemlichkeit; wobei natürlich die monetären Verhältnisse der Zeit oft dem Willen Grenzen setzten.

Die Freiheitskriege bringen einen völlig neuen Soldaten-»Typus«. Nicht mehr durch Zwang und Strafe werden die Soldaten in den Regimentern gehalten, sondern die neu entstandene patriotisch-sentimentale Begeisterung bringt denjenigen Ländern, die unter Napoleons Druck stöhnen, eine bisher nicht gekannte Kampfkraft und Kampfmoral. Von Frankreich kommt ein neues, die Soldaten vereinendes Zeichen: die Kokarde. Im preußischen Heer wird die Landeskokarde ab 1808 nach und nach bei allen Truppenteilen eingeführt, zunächst nur am Tschako, später auch an anderen Kopfbedeckungen. Die Kokarde bleibt bis heute das wichtigste, vereinende Abzeichen des Militärs.

In der napoleonischen Zeit wandelt sich der bis dahin übliche Uniformfrack zum »Kollett«, einer schlank geschnittenen Uniform mit engen Ärmeln, die nur bis zur Taille reichte, und rückwärts 2 Frackschöße hatte, die wiederum im Laufe der Jahre immer kürzer wurden. Mit dem Uniformfrack verschwindet auch der Zopf der Soldaten, ein best bewahrtes und behütetes Relikt des 18. Jahrhunderts. Im Jahre 1807 findet in Preußen die erste Parade mit zopflosen Gardisten statt, die großen Widerstand im konservativen Offizierskorps erregten.

Zu Beginn des 19. Jahrhunderts werden in allen Ländern Dienstgradabzeichen eingeführt, um die Unterscheidung der einzelnen Grade deutlich und für jedermann erkennbar werden zu lassen.

Gleichzeitig mit der Einführung der »Pickelhaube« in Preußen erscheint der Waffenrock, der das altmodisch und unpraktisch gewordene Kollett ablöst. Dieser neue Uniformrock besitzt nunmehr umlaufende Schöße und bildet die (nahezu weltweit übernommene) Bekleidung des preußischen Soldaten. Die bisherigen Abzeichnen wie Gardelitzen, Epauletten, Tressen und Besätze werden am Waffenrock übernommen. Weitere Änderungen bringen die Achselstücke für Offiziere (1866 erstmals getragen), die Einführung der Feldbinde und der Schärpe, Stiefel statt Schnürschuhe, neues Gepäck der Mannschaften und stetige Versuche mit weiteren Ausrüstungsstücken.

Die lange Friedenszeit nach 1870 ließ jedoch keine Notwendigkeit zu einschneidenden Uniformänderungen eintreten, vielmehr gefiel sich der Soldat allgemein in seiner schmucken Uniform, und seine Bestätigung fand er in der Würdigung durch den Staat, der das Militär über alle anderen gesellschaftlichen Rangstufen stellte.

Der Boxeraufstand in China 1901 und die Kämpfe der deutschen Schutztruppen in Afrika erzwangen ernsthafte Überlegungen zur Einführung moderner, praktischer Uniformen, die zunächst für den Tropengebrauch entwickelt wurden und schließlich als Ergebnis für das ganze Heer in der Heimat die neue »feldgraue« Uniform Modell 1910 brachten. Überflüssige Teile wie Epauletten, Paradebesätze wie Rabatten oder nutzlose Ausrüstungsstücke wie Bandeliere, Säbeltaschen oder Kürasse fielen nun für den Feldgebrauch weg, blieben aber nach wie vor zur Friedensuniform erhalten. Trotz der Neuerung war auch die feldgraue Uniform mit ihren beibehaltenen typischen Kennzeichen für die einzelnen Waffengattungen wie einreihiger Waffenrock bei den Fußtruppen, Ulanka bei den Ulanen, Attila bei den Husaren und den zugehörigen, nur farblich durch Helmüberzüge getarnten Kopfbedeckungen wie Helm, Tschapka, Pelzmütze oder Kürassierhelm und Tschako nach wie vor wenig kriegstauglich. Immerhin waren aber die glitzernden Knöpfe und goldenen und silbernen Borten und Tressen sowie Stickereien verschwunden, die besonders bei Offizieren zu großen Verlusten im Kampf führten, da sie aufgrund ihrer blinkenden Abzeichen weit hin zu erkennen waren. Alte Uniformtradition wurde jedoch schon wieder bei der Einführung der sog. »Künftigen Friedensuniform« neu belebt. Bei dieser im September 1915 befohlenen neuen Uniform wurden Kragen und Aufschläge wieder bunt, die Knöpfe wieder silbern oder golden und die glitzernden Stickereien bei der Garde, den Grenadieren und verschiedenen weiteren besonderen Einheiten erneut eingeführt. Zweifellos haftete dieser feldgrauen, jedoch wieder bunt dekorierten Uniform mehr Glanz und Gloria an als einer tarngemusterten Kampfjacke. Da aber diese neuen Uniformen erst für eine künftige Friedenszeit verbindlich werden sollten, war die Beschaffung freigestellt, und so wurden nur verhältnismäßig wenige dieser Uniformen gefertigt.

Ursächliche Zusammenhänge zwischen Uniform, deren Schnitt und Ausstattung und der jeweiligen Kopfbedeckung bestanden nie. So wechselte beispielsweise der Husar von der Pelzmütze zur Flügelmütze, dann vom Tschako wieder zur (veränderten) Pelzmütze, um dann sogar nochmals versuchsweise in Preußen zum Tschako zurückzukehren (Leibgardehusaren 19 um 1913), während der verschnürte Attila über Jahrhunderte bleibt. Auch der bayerische Kürassier verliert zunächst 1873 seinen Kürass, bekommt 1879 einen Lederhelm, der 1886 nochmals modifiziert wird, behält aber seinen gewohnten Uniformrock. Der bayerische Jäger trägt jahrzehntelang den Raupenhelm, bekommt kurzfristig (1886 - 1890) die »Pickelhaube« und erhält schließlich den Tschako nach preußischem Muster; seine Uniform ändert sich jedoch nicht.

Die Zusammenhänge zwischen Uniform und ziviler Mode sind bekannt, bedürfen hier keiner weiteren Erläuterung. Auch der Hang des Soldaten, sich mit allen möglichen Federn, Fellen und glitzernden Tressen zu schmücken, ist von Verhaltensforschern ergründet und belegt die Erkenntnis, daß sich der Soldat in seinem sozialen Verhalten, seinem Imponiergehabe und seinem Tun mit vielen Beispielen aus der Tierwelt vergleichen lassen muß.

Braunschweig; Offiziers-Kartuschkasten des Husaren-Regts. Nr. 17, ca. 1912.

2

2 Faksimile aus der »Geschichte des kgl. bayer. 9. Infanterie-Regts. Wrede«, Würzburg 1895, die Entwicklung der Uniformierung vom Frack über das Kollet zum Waffenrock darstellend, Zeitraum 1778 - 1895.

3

4

3 Preußen; Faksimile aus der »Geschichte des Kaiser Alexander Garde-Grenadier-Regts. Nr. 1«, von A. Kries, Berlin 1889. Zeigt den Uniformfrack des 18. Jahrhunderts, das Kollet der Freiheitskriege und den Waffenrock ab 1842.

4 Preußen; Faksimile aus der »Geschichte des Garde-Fußartillerie-Regts., seiner Stammtruppenteile und Stämme«, von V. Asbrand gen. Porbeck, Berlin 1885. Zeigt die Entwicklung der Kopfbedeckung, von der Bombardiermütze bis zum Tschako der Jahre bis 1842.

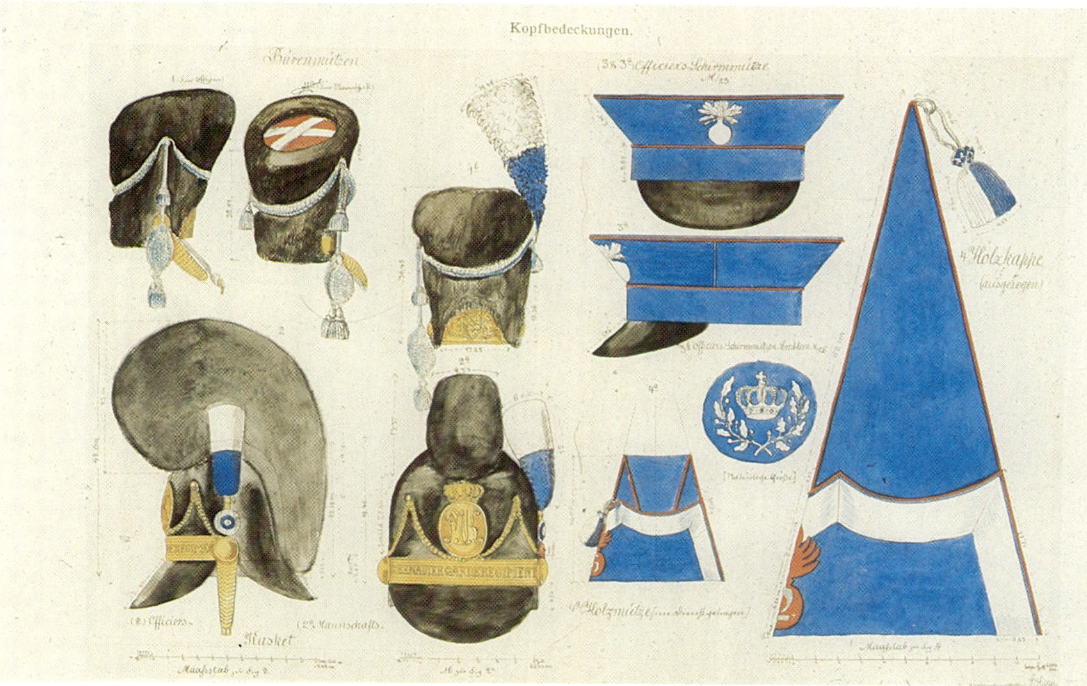

5

6

5 Bayern; Faksimile aus »Das Kgl. Bayer. Grenadier-Garde-Regiment von 1814 - 1826«, von K. Müller und Th. Kurz, München 1900. Zeigt anschaulich die von einem Garde-Regiment nebeneinander getragenen verschiedenen Kopfbedeckungen wie Kasket zum Dienst, Bärenfellmütze zur Parade, Zipfelmütze (auch »Holzmütze« genannt) der Mannschaften außer Dienst (im Lager etc. getragen) und Schirmmütze der Offiziere.

6 Sachsen; Faksimile aus »Geschichte der Kgl. Sächsischen Armee« von Dr. F. Hauthal, Dresden 1859. Beispiel für die in ganz Deutschland weitgehend einheitliche farbenfrohe und prächtige Bekleidung der Husaren.

24

25

24 Preußen; Generalshut 1806 - 1825, mit goldener Sternagraffe (später Kantillenagraffe). Mit Federbusch und originaler Pappschachtel.

25 Bayern; Generalshut M/1825, mit weiß-blauem Hahnenfederbusch. So bis 1873 getragen. Vor 1825 war der Generalshut nochmals höher und mit einer breiten, gemusterten Silberborte besetzt. In Bayern war — im Gegensatz zu den übrigen Staaten — der Besatz der Generalsuniformen- und Hüte silbern.

Dem Schutz des Kopfes galt seit alters her die bevorzugte Aufmerksamkeit des Soldaten. Bodenfunde von Helmen aus vorchristlicher Zeit belegen dies. Mit dem ausklingenden Mittelalter verschwinden die schwer gerüsteten Ritter, die neu auftretenden kämpfenden Verbände entledigen sich mit veränderter Taktik der unhandlichen eisernen Harnische und Helme; nach dem Dreißigjährigen Krieg verschwinden bis zum Ende des 17. Jahrhunderts die eisernen Helme, es werden bevorzugt nur noch breitkrempige Hüte getragen. Es bleibt hier zu untersuchen, warum dem Kopfschutz nunmehr so wenig Aufmerksamkeit gewidmet wird. Es ist unstreitig, daß sich die Hüte der ersten Soldaten (»Söldner«) des 17. Jahrhunderts nicht von der normalen Kopfbedeckung des Zivilisten unterschieden. Weder gab es besondere für militärische Zwecke entwickelte Kopfbedeckungen, noch waren kostenintensive Ausrüstungen bei den nur auf Zeit geworbenen Söldnern möglich. Allgemein wurde der runde, breitkrempige Hut getragen, der recht und schlecht vor Wind und Wetter schützte.

Mit Beginn einer zweckdienenden Uniformierung um 1700 und der Verwendung von Vorderladerwaffen zeigte es sich, daß der breitkrempige Hut den Mann beim Hantieren mit dem Gewehr hindert. Die Krempen werden hochgeschlagen, es entsteht der Dreispitz, der auch sofort in der zivilen Mode Eingang findet. Musketiere (nach ihrer Waffe, der Muskete, so genannt) und Füsiliere (nach dem französischen Wort »fusil« = Gewehr) trugen diese Hüte. Die Grenadiere (Granatschleuderer) wurden durch die Hüte beim Werfen behindert, so bekamen sie die sog. »Grenadiermütze«, eine aus der zivilen Zipfelmütze entstandene Kopfbedeckung, ohne Krempe also. Der Beutel hing anfangs hinten herab, wurde später gesteift und senkrecht gestellt, um den Mann größer erscheinen zu lassen. Vorne brachte man mit Namenszügen und Symbolen verzierte Bleche oder bunt bestickte Tuchschilder, innen mit Pappe verstärkt und meist spitz zulaufend an; die Quaste des Zipfels wurde zuletzt zum Puschel oben an der Spitze.

Vergleiche der Grenadiermütze mit der päpstlichen Tiara wurden oft gebraucht, lassen sich aber nicht belegen, vor allem nicht mit religiösen Begründungen; die Devise »Mit Gott für König und Vaterland« entsteht gut 100 Jahre später, zur Zeit der Befreiungskriege gegen Napoleon.

Obwohl das »Granatschleudern« bald kriegstechnisch in den Hintergrund trat, behielten die Grenadiere ihren ehrenvollen Namen und wurden später die Elite-Einheiten der Infanterie.

Die Füsiliermütze wurde ziemlich gleichzeitig wie die Grenadiermütze eingeführt, einleuchtende Gründe für eine Unterscheidung gibt es nicht, waren doch die Füsiliere genauso ausgebildet und eingesetzt wie die Grenadiere. Jedoch war der Kopfteil der Füsiliermütze nicht spitz zulaufend, sondern rund, und das Schild nicht mit dem Kopfteil verbunden. Die Füsiliermütze hatte keinen Puschel, sondern eine metallene Granate oben auf dem Kopfteil. Auch die Bombardiere der Artillerie und die Mineure der Mineurkorps (Pioniere) erhalten ähnliche Mützen, jedoch von nochmals niedrigerer Form.

Neben diesen Grenadiermützen mit ihren Varianten gibt es die Fellmützen, die ihren Ursprung in Osteuropa haben. Hier werden Bärenfelle, Otterfelle oder andere Felle verwendet, die Mützen werden mit oder ohne vorderseitige Metallschilde getragen, manche Mützen haben oben einen Stoffdeckel (»Spiegel«), der nochmals Abzeichen, z. B. eine platzende Granate, oder ein Tressenkreuz aufweisen kann.

Jedoch bewähren sich diese Fellmützen nicht sonderlich, vor allem macht der Befall durch Schädlinge wie Motten oder Käfer dem Soldaten zu schaffen. So verschwinden diese Mützen aus der allgemeinen Ausrüstung und bleiben nur Gardetruppen vorbehalten, wie z. B.

in Bayern dem 1814 errichteten Grenadier-Garde-Regiment (dem späteren Infanterie-Leibregiment), wo sie jedoch bereits 1821 wieder abgeschafft werden, noch bevor jemals das ganze Regiment damit ausgerüstet war. Auch die sächsische Leib-Grenadier-Garde, die württembergische Garde zu Fuß oder die Garde in Sachsen-Coburg führte die Bärenfellmütze nur kurzzeitig. In der Mitte des 19. Jahrhunderts gibt es Bärenfellmützen nur noch beim Garde-Regiment in Hannover zur Parade, ebenfalls in Mecklenburg-Schwerin, hier allerdings bis zum Ende der Monarchie. Die Grenadiere der bayerischen Bürgerwehr besitzen ihre Bärenfellmützen in Einzelfällen bis 1870, in Hamburg werden sie von den Zimmerleuten des Bürgermilitärs bis 1853 getragen.

Preußen; Gestickter Stern des Schwarzen-Adler-Ordens (»Gardestern«) für Offiziers-Schabracken, ca. 1870.

Die Grenadiermützen verschwinden im allgemeinen gegen Ende des 18. Jahrhunderts, so z. B. in Preußen mit Regierungsantritt König Friedrich Wilhelm II. 1786 und werden durch zweiklappige Hüte ersetzt. König Friedrich Wilhelm III. (1797 - 1840) führte jedoch 1799 wieder Grenadiermützen von veränderter Form in Preußen ein, sie bestehen nun aus einem mit Bärenfell verbrämten Schild mit schwarz vortretendem preußischen Adler und Vorderschirm. Nach der Katastrophe von Jena und Auerstedt 1806 werden aber auch diese Grenadiermützen wieder abgeschafft.
Zu Paradezwecken tauchen die Grenadiermützen in Preußen wieder beim 1. Garde-Regt. zu Fuß (1824), bei der Schloß-Garde-Kompanie (1829) und beim Kaiser Alexander Garde-Grenadier-Regt. Nr. 1 (1894) auf.
Neben den Grenadiermützen beherrscht der Hut das Erscheinungsbild des Soldaten im 18. Jahrhundert. Er wird von allen Offizieren getragen, ist aber auch Kopfbedeckung von Dragonern und Kürassieren.
Um den Hut zu einem besseren Kopfschutz werden zu lassen, verwendet man vielfach im Inneren des Hutes eiserne Hutkreuze.
Nach 1800 werden die Hüte immer höher, meist als Zweispitz und nicht mehr quer, sondern längs zum Gesicht getragen. Reiche Besätze mit Tressen und Federn sowie hohe Büsche sollen den imponierenden Effekt vergrößern. Schon zu Beginn des 19. Jahrhunderts wird der Hut vornehmlich die Kopfbedeckung der Generalität und der Heeresbeamten, verschwindet aber im großen und ganzen bis zur Mitte des Jahrhunderts, nur in Bayern bleibt der Generalshut bis 1902 bzw. 1912 eingeführt. Die deutsche Schutztruppe in Afrika erhält 1893 ebenfalls wieder einen Hut, dessen linke Krempe hochgeschlagen ist und die Reichskokarde trägt.

Typische Kopfbedeckungen der Husaren sind die Flügelmütze und die Pelzmütze, die ihren gemeinsamen Ursprung im türkischen »kalpak« oder ungarischen »kalpag« haben, einer hohen zylindrischen Mütze, die aus Stoff, Filz oder Pelz gefertigt war.
Die Flügelmütze bestand aus starkem Filz. Um den Mützenkörper war ein entsprechend angepaßter Flügel gelegt, der entweder festgehakt oder lose herabhängend getragen wurde. Die Innenseite des Flügels war mit buntem Tuch in der Abzeichenfarbe des Regiments gefüttert. Weitere Embleme und Haarbüsche wurden verschiedentlich getragen.
Die Pelzmütze der Husaren war von etwas ausladenderer Form und hatte auf dem Deckel einen Beutel befestigt, der seitlich herabhing; die Farbe war je nach Regiment verschieden. Auch dieser Beutel ist auf eine ursprüngliche Zipfelmütze zurückzuführen. Die Pelzmützen finden sich bereits mit dem ersten Aufkommen von Husarenregimentern zu Beginn des 16. Jahrhunderts und bestimmen das Aussehen von Husaren bis in unser Jahrhundert. Die Flügelmützen verschwinden um 1800, tauchen jedoch in Preußen bei den aktiven Husarenregimentern 1843 bis 1850 nochmals auf, bei deren Landwehr werden sie noch bis nach 1870 getragen.

Preußen; Gardestern für Offiziere der Garde-Husaren, ab 1860.

Da die bisher gebräuchlichen Kopfbedeckungen nicht den nötigen Schutz im Gefecht boten, entwickelte Marschall Moritz von Sachsen in Frankreich Mitte des 18. Jahrhunderts das sog. »Kasket«, einen Helm, dessen Korpus aus Messing- oder Eisenblech bestand, der mit Tuch oder Fell besetzt wurde. Auf dem runden Kopfteil war ein Metallkamm angebracht, der als Hiebschutz dienen sollte. Herabhängende Haarschweife sollten den martialischen Ausdruck erhöhen, Federbüsche an der Seite sowohl zur Unterscheidung als auch zur Zierde dienen (Verhaltensforscher sehen in der Verwendung von Haar- und Federbüschen zu allen Zeiten versteckte Symbole von Imponier- und Machtgehabe, galt doch z. B. das Pferd als magisches, mit übernatürlichen Kräften versehenes Tier oder der Hahn als Symbol von Wachsamkeit und Kampfesmut).

Die anfänglich sehr niedrigen Kaskets wuchsen um 1800 zu beträchtlicher Höhe heran, als Material dienten nun sowohl Metall als auch Leder. Die Bügel oder Kämme auf den Helmen wurden nicht mehr nur aus Metall, sondern auch aus Leder oder lederbespanntem Holz gefertigt, meistens saß auf dem Kamm eine Raupe aus Roßhaar, Fell oder Webpelz. Zweck war hier neben der beeindruckenden Höhe auch der verbesserte Hiebschutz. Mit der bekannteste Helmtyp unter den Kaskets wird der bayerische Raupenhelm, der fast 90 Jahre lang das Erscheinungsbild des bayerischen Soldaten prägt. Obwohl von Anfang an von vielen Militärs auf das Heftigste kritisiert, war der Raupenhelm unter allen Vorschlägen von neuen Kopfbedeckungen, die immer wieder erfolgten, stets beibehalten worden; schließlich wurde, als wieder (im Jahre 1868) über neue Kopfbedeckungen verhandelt wurde, auf ausdrücklichen Wunsch König Ludwig II. die »den bayerischen Helm charakterisierende und historische Erinnerungen wachrufende Raupe« nochmals beibehalten. Erst nach dem Tode Ludwig II. 1886 wurde in Bayern die »Pickelhaube« eingeführt.

Preußen; Helmadler für Offiziere der Linien-Grenadier-Regimenter, ab 1860.

Der bayerische Raupenhelm zeigt in seinen verschiedenen, stetig verkleinerten und gewichtsmäßig erleicherten Modellen gut das Bestreben, die Kopflastigkeit aller Helme des frühen 19. Jahrhunderts zu verringern. In nahezu allen Regimentsgeschichten werden Gewicht und Unförmigkeit der hohen Kaskets und Helme beklagt.
Besonders eindrucksvolle Beispiele von Kammhelmen sind der bayerische Offiziershelm der Gardes du Corps 1814 und sein sächsisches Pendant von 1810; sowie der preußische Kürassierhelm von 1809, der sein Vorbild in Rußland ab 1803 hatte.
Vor dem Raupenhelm wurde in Bayern der sog. »Rumfordhut« getragen, den Graf Rumford zusammen mit weitreichenden militärischen Reorganisationen von 1789 bis 1800 einführte. Dieser Hut, auch oft Kasket genannt, war aus gepreßtem, schwarz lackierten Leder (oder Filz) gefertigt und hatte vorne ein schmales Messingschild mit dem kurbayerischen Wappen. Die niedrige Form, der waagerechte Vorderschirm und die hängende Roßhaar-Raupe machten die Kopfbedeckung wenig attraktiv, so daß dieser unpraktische, wenig kleidsame Helm schnell wieder verschwand; er tauchte außer in Bayern noch kurzzeitig in Württemberg (1799) und Österreich (1792) auf.
In den napoleonischen Kriegen taucht eine neue kämpfende Truppe aus den polnischen Ländern auf: die Ulanen oder Lanzenreiter (französisch »lanciers«). Diese Truppe bringt eine neue, eigenwillige Kopfbedeckung mit, den Tschapka der Ulanen. Der Tschapka war ein hoher Helm mit viereckigem Lederdeckel, die Wandung bestand aus mit Spanischrohr versteiftem Tuch. Sehr schnell findet die Ulanenwaffe Eingang in die verschiedenen Armeen, der Tschapka macht die allgemeine Helmentwicklung mit, so wird auch er laufend niedriger gefertigt und seine Form immer eleganter. 1867 schließlich wird der Hals des Tschapkas so schmal und niedrig, daß das Emblem nunmehr auf dem Kopfteil befestigt wird.

Beherrschende Kopfbedeckung des Militärs in der 1. Hälfte des 19. Jahrhunderts ist der Tschako. Diese Kopfbedeckung hat sich in Frankreich aus dem zivilen Zylinderhut, der um die 1780er Jahre aufkommt, entwickelt. Andere Quellen geben an, der Tschako sei in Österreich aus dem alten Kasket entwickelt worden. Dafür kann auch sprechen, daß das österreichische Kasket mit seinem aufrecht stehenden Vorderschild und dem nahezu zylindrischen Kopfteil einem Tschako nicht unähnlich war, es fehlten schließlich nur noch der Vorder- und Hinterschirm. Auch der Begriff »csákó« stammt aus dem ungarischen Bereich, hängt mit dem deutschen Wort »Zacken« zusammen und bezeichnet ursprünglich einen Zackenhut, wie Transfeldt schreibt; die Herkunft des Tschakos aus dem österreichisch-ungarischen Raum erscheint also durchaus möglich.
Der Tschako ist meist aus starkem Filz gefertigt, besitzt einen runden Lederdeckel, einen ledernen Bund und ebensolche Vorder- und Hinterschirme. Oft sind seitlich noch v-förmige Lederversteifungen aufgenäht. Im Laufe der Jahre erfährt der Tschako viele Formveränderungen, er wird breit und niedrig, hoch und schmal, erhält einen waagerechten oder stark geschwungenen Deckel (sog. russische »Kiwer«-Form). Insgesamt bleibt der Tschako die beständigste Helmform, taucht er doch in Preußen als Versuchsmodell erstmals 1801 auf und bleibt für die Jäger und Verkehrstruppen bis zum Ende des Ersten Weltkrieges im Gebrauch. Danach wird der Tschako ein halbes Jahrhundert lang kennzeichnende Kopfbedeckung der Polizei.
Auch der Tschako erhält seine unvermeidliche Verzierung durch Büsche oder Pompons, Feldzeichen oder auch überdimensionale Stutze, die in Preußen bis zu einem halben Meter lang werden, eine Mode der 1820er Jahre.

Bayern; Tschako-Emblem für Jäger-Offiziere, ab 1895.

Übereinstimmende Berichte aller möglichen Militärberichter klagen über die Unförmigkeit und Kopflastigkeit der Helme des frühen 19. Jahrhunderts. Besonders die Raupenhelme mit ihren Webpelzraupen sind nicht nur Brutstätte für Ungeziefer aller Art, sondern bei Regen um ein Mehrfaches schwerer. Abhilfe bringt zunächst die Schirmmütze, die sich um 1810 aus der Stallmütze des einfachen Soldaten entwickelt, ursprünglich auch nichts anderes als eine Zipfelmütze, im militärischen Gebrauch oft »Holzmütze« genannt. Die Stallmütze wird mehr und mehr als Helmersatz getragen. Die Schirmmütze bleibt jedoch den Offizieren (und Unteroffizieren) vorbehalten, Mannschaften behalten in der Alten Armee bis 1918 schirmlose Mützen zum Dienst. Die begehrte Schirmmütze erhalten die Mannschaften erst bei der Bildung der Reichswehr 1919 als reguläres Kleidungsstück.
Bald rücken die Offiziere der napoleonischen Zeit nur noch in der Schirmmütze aus, der unbequeme Helm bleibt zuhause.

Die Kopfbedeckungen schwelgen bis in die 1830er Jahre in napoleonischer Größe, als 1842 in Preußen die entscheidene uniformtechnische Neuerung kommt: der Helm mit Spitze und der Waffenrock werden eingeführt. Der Tschako und der Bügelhelm verschwinden zusammen mit dem Uniform-Kollet. Mit der neuen Uniform kommt die neue Kopfbedeckung, etwas achtlos oder spöttisch als »Pickelhaube« bezeichnet.

Mecklenburg-Schwerin; Helmemblem ab 1866.

Es gibt verschiedene Versionen über die Entstehung dieses neuen preußischen Helmes. So soll einer Anekdote zufolge der preußische König Friedrich Wilhelm IV. den Prototyp eines Helmes mit Spitze auf dem Schreibtisch des russischen Zaren Nikolaus I. (1825 - 1855) anläßlich eines Staatsbesuches gesehen haben, die Idee kopiert und den Helm schneller herausgebracht haben als die zögernden Russen. Anderen Berichten zufolge soll der Historienmaler Heinrich Stilke (1803 - 1860) vom preußischen König beauftragt worden sein, einen derartigen Helm zu entwerfen. Auch dem Elberstädter Metallwarenfabrikanten Wilhelm Jaeger wird nachgesagt, nicht nur den Prototyp des Helmes mit Spitze in Eisenblech gefertigt, sondern auch den Entwurf hierzu geliefert zu haben. Auch der bayerische Maler Moritz v. Schwind könnte an der Helm-Neuschöpfung beteiligt gewesen sein. Ein von ihm 1835/36 im Rittersaal des Schlosses Hohenschwangau gemaltes Fresko zeigt u. a. einen dem preußischen Helmmuster von 1841 sehr ähnlichen Helm mit Spitze, so daß man auf Grund der mit Stilke bestehenden Verbindung entsprechende Schlüsse ziehen könnte. Nach Transfeldts Deutung wird der Ursprung der Bezeichnung mit dem Wort »Beckenhaube«, einer mittelalterlichen Blechhaube, zu suchen sein. Im Laufe der Zeit wandelte sich das Wort, das seinen Ursprung in der beckenförmigen Gestalt fand, dann zu »Beckel-, Bickel- und weiterhin Pickelhaube«. Mit der Spitze als solcher soll die Helmschöpfung demnach nichts zu tun haben. »Pickel« soll nur die Helmform, aber nicht die auf orientalischen Einfluß hinweisende Spitze bedeuten (man vergleiche hierzu die persischen Reiterhelme mit vierkantiger Spitze, die seit dem 15. Jahrhundert getragen wurden). Allerdings mutet diese sprachwissenschaftliche Deutung des Begriffs »Pickelhaube« etwas gewollt an, denn immerhin hieß diese Kopfbedeckung offiziell schlicht »Helm«, während die Bezeichnung »Pickelhaube« durchaus als Spottname verstanden werden darf. Man kann zur Diskussion stellen, ob sich der Durchschnittsbürger nicht eher am Begriff »picken« = stechen oder sogar »Buckel« = Beule (»Beulenhaube«) orientiert hat.

Die preußische Uniform- und Helmneuschöpfung bleibt über 70 Jahre lang, bis zur Mitte des Ersten Weltkrieges, bestimmendes Element der deutschen Militärbekleidung, denn nach und nach gleichen sich die Uniformen aller deutschen Staaten dem preußischen Vorbild an, sogar Bayern kommt nach dem Tod König Ludwig II. 1886 unter die »Pickelhaube«, nur Prinzregent Luitpold (1886 - 1912) verteidigt standhaft den Hut für die bayerische Generalität, trägt selbst zeitlebens nie eine »Pickelhaube« und beläßt trotz Einführung des Helms mit Spitze für Generale (1902) den Hut mit goldener Stickerei für die ihn täglich umgebende königliche Adjutantur.

Der preußische Helm mit Spitze wird zunächst in einer hohen, fast überdimensionierten Form getragen. Es gibt diesen Helm aus Leder und aus Metall, wobei die Metallausführung allein den Kürassieren vorbehalten bleibt, während alle übrigen Truppenteile den Helm aus Leder erhalten. Ausgenommen bleiben natürlich die Husaren mit ihren Flügel- und Pelzmützen sowie die Ulanen mit dem Tschapka. Die Garde-Infanterie trägt wie schon früher die Grenadiermützen nur zur Parade, ansonsten analog dem bisherigen Tschako die »Pickelhaube«.
Im Laufe der Jahre wird die »Pickelhaube« immer niedriger, die Form gefälliger, und das Gewicht geringer. Experimente mit Gewichtserleichterungen durch Weglassen von Vorder- und Hinterschienen an den Schirmen und am Kopfteil bewähren sich nicht (1867). Der metallene Kürassierhelm (für die Garde und das brandenburgische Kürassier-Regiment aus Tombakblech gefertigt) erfährt ebenfalls Änderungen, am markantesten ist — neben der niedrigeren Form — beim Modell 1889 der bei Mannschaften nunmehr glatte, nicht mehr gekehlte Vorderschirm.
Trotz aller Verbesserungen und Änderungen zeigen die Erfahrungen des Ersten Weltkrieges, daß der Lederhelm, aber auch der dünne Metallhelm der Kürassiere, der Durchschlagskraft moderner Geschosse nicht mehr standhält, die ungeheure Zahl von Kopfverletzungen belegen dies. Vor allem ist in diesem modernen Krieg nicht mehr der optische Eindruck des Soldaten vorrangig oder wichtig, sondern allein Tarnung und Schutz, so daß also früher bestimmende Kriterien wie buntglänzende Helme, bunte Büsche und Behänge sowie unpraktische Materialien wie Fell oder Leder und Stoff wegfallen. Ergebnis dieser Überlegungen ist der 1916 in der deutschen Armee eingeführte Stahlhelm, der von dem Chirurgen Dr. August Bier und dem Professor Friedrich Schwerd entwickelt wurde. Auch in anderen Staaten wurden Stahlhelme eingeführt, jedoch ist unbestritten, daß der deutsche Stahlhelm sowohl vom nützlichen als auch vom ästhetischen Standpunkt der beste war.
So betrachtet schließt sich bei den Kopfbedeckungen ein Kreis, der vom Mittelalter ausgehend mit dem Eisenhelm schließlich zum Stahlhelm führt. Bis heute bestimmt in aller Welt der Stahlhelm das Erscheinungsbild des kämpfenden Soldaten.

Preußen; Offiziers-Kartuschkasten der Garde-Kavallerie, ca. 1830.

7

8

9

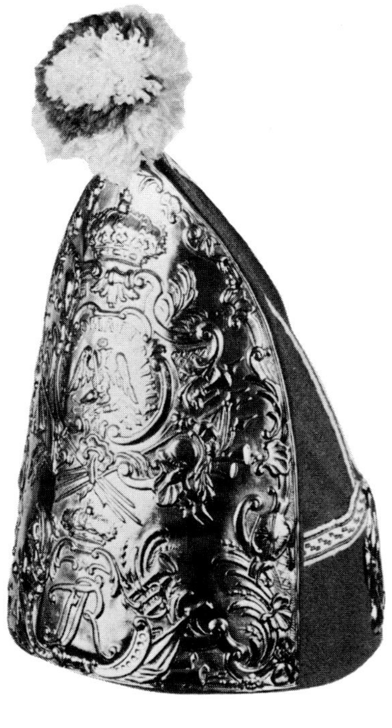
10

7 Preußen; Grenadiermütze des Infanterie-Regts. »Grenadier-Garde« (Altpreuß. Nr. 6), auch »Riesengarde« oder »Königs-Regiment«. Muster von vor 1729, Ausführung von 1739.

8 Preußen; Grenadiermütze aus dem Infanterie-Regt. »Printz von Preußen« (Altpreuß. Nr. 18), 1744.

9 Preußen; Grenadiermütze der Garnison-Grenadiere V, ab 1741.

10 Preußen; Grenadiermütze aus dem Infanterie-Regt. »Markgraf Heinrich« (Altpreuß. Nr. 42), 1741.

11

12

13

11
- 13 Preußen; Bombardier-Mütze, ab 1731 bis 1786 getragen. Schwarzes Wachstuch mit Messingbeschlag.

14

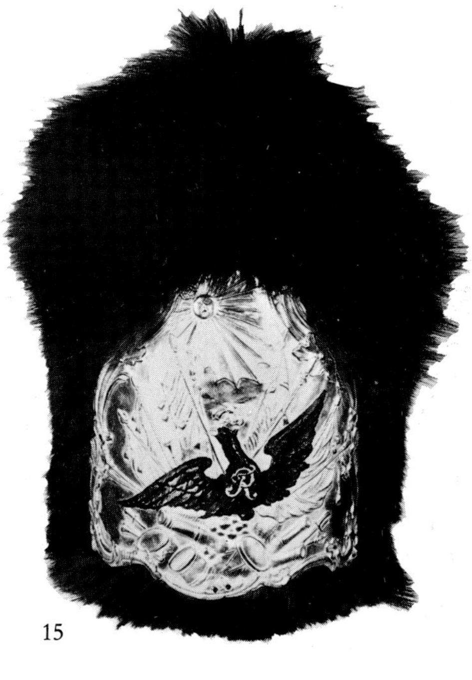

15

16

14 Hannover; Bärenpelzmütze für Mannschaften des Garde-Grenadier-Bataillons, 1833 - 1838. Mit vergoldetem Schild und Schuppenketten, weißer Behang, mit rotem Stutz links für Spielleute.

15 Preußen; Bärenfell-Grenadiermütze eines Frei-Bataillons nach 1757. (Nach der Schlacht bei Roßbach (5. 11. 1757) wurde wieder heraldisch die Sonne gezeigt).

16 1. Deutsches Kaiserreich; Grenadiermützenblech des Regts. Generalfeldzeugmeister Graf v. Seckendorff, 1723 - 1742.

17

18

20

19

17 Preußen; Grenadiermütze für Mannschaften des 1. Bataillons des 1. Garde-Regts. zu Fuß; M/1824. Das »Semper-Talis«-Bandeau verliehen 1889. 1894 gab das 1. Garde-Regiment diese Mützen an das Kaiser Alexander Garde-Grenadier-Regt. Nr. 1 ab, wobei das Bandeau entfernt wurde, so daß diese Mützen bis zur Neubeschaffung mit Löchern im Schild getragen wurden.

18 Preußen; Grenadier-Mütze des 1. und 2. Bataillons des 1. Garde-Regts. zu Fuß, M/1894. Zunächst ohne Schuppenketten getragen, diese erst 1896 eingeführt. (Die Schuppenketten wurden hierzu vom Helm genommen, so daß die Grenadiermützen ohne Schuppenketten auf Kammer standen. So erklärt sich, daß verhältnismäßig oft die Schuppenketten an den Grenadiermützen fehlen). Roter Tuchbeutel mit weißwollenen Tressen.

19 Preußen; Grenadier-Offiziersmütze des 1. und 2. Batl. 1. Garde-Regt., M/1894. Das Feldzeichen aus Silberkantille wurde »Pflaume« genannt. Der Tuchbeutel im Gegensatz zu Mannschaften mit Silbertresse abgesetzt.

20 Preußen; Grenadiermütze des 3. Batl. 1. Garde-Regt., M/1894. Hier das Bandeau »Pro Gloria et Patria«, der Beutel gelb.

21

22

23

21 Preußen; Grenadier-Offiziersmütze des Kaiser Alexander Garde-Grenadier-Regts. Nr. 1, M/1894. Mit emailliertem Gardestern.

22 Preußen; Füsilier-Mütze (Mann) des 3. Batl. des Kaiser Alexander Garde-Grenadier-Regts. Die Mützen des 3. Batl. waren niedriger, die Beutel nicht konkav, sondern gerade zur Spitze verlaufend. Die Schuppenketten wurden nicht mit Granaten, sondern Schrauben gehalten, darüber und rückwärts je ein Adler.

23 Preußen; Grenadiermütze für Mannschaften des 1. und 2. Batl. des Kaiser Alexander Garde-Grenadier-Regts. Neubeschaffung aus der Zeit nach 1900, ohne Löcher.

26

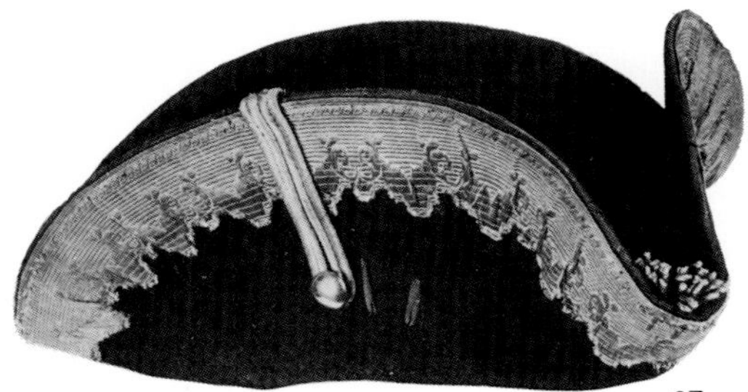

27

28

29

26 Preußen; Hut für Mannschaften der Marine, 1848.

27 Preußen; Offiziershut des Kgl. Preuß. Infanterie-Regts. v. Fouqué (Altpreuß. Nr. 33), um 1745.

28 Preußen; »Casquett« oder zweiklappiger Hut der Musketiere, hier vom Inf.Regt. von Kleist (Altpreuß. Nr. 12), 1787 - 1798.

29 Bayern; Hut der Generale, M/1873, mit weiß-blauem Hahnenfederbusch. Bis 1902 getragen. Für Generaladjutanten war der Besatz golden.

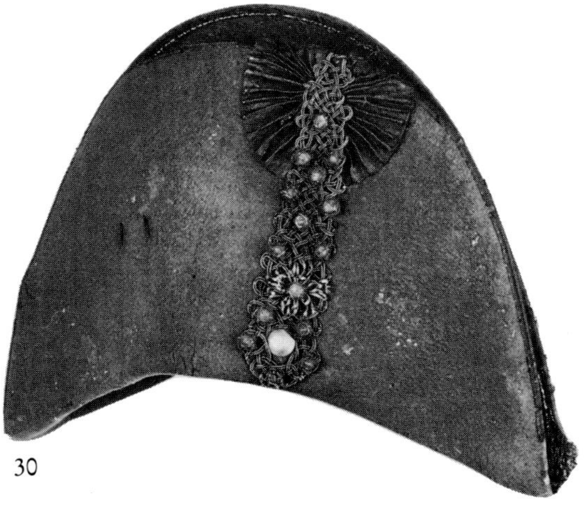

30

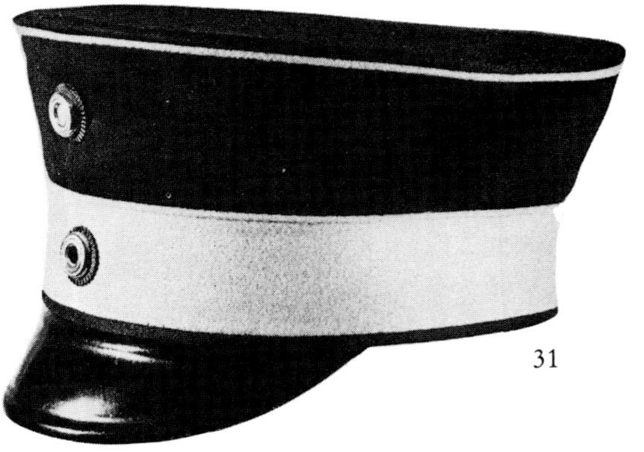

31

32

33

30 Preußen; Offiziershut des Kgl. Preuß. Inf.Regts. von Puttkamer (Altpreuß. Nr. 36), 1803 - 1806.

31 Preußen; Schirmmütze für Offiziere der Infanterie, letzte, eleganteste Form um 1914.

32 Preußen; Wachstuchmütze der Landwehr, 1914 - 18. Gesiegeltes Muster, diente als Probestück für die Herstellung.

33 Braunschweig; Schirmmütze für Offiziere des Husaren-Regts. Nr. 17, mit dem besonderen Totenkopfabzeichen. Um 1914.

34

35

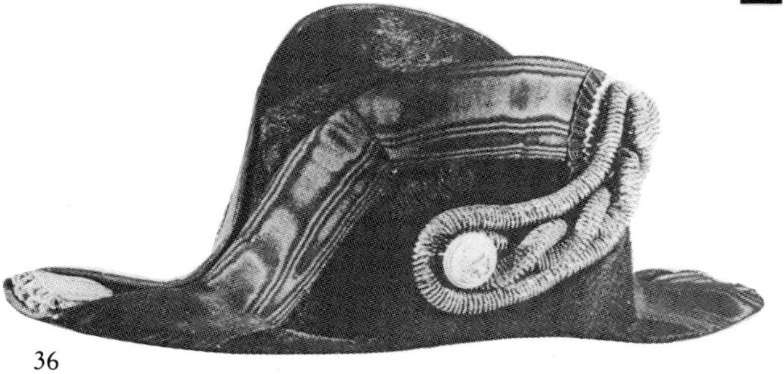

36

37

34 Bayern; Schirmmütze des Kraftfahrcorps, aus Leder gefertigt (um besseren Schutz bei schlechtem Wetter zu haben). Um 1915.

35 Deutsches Reich; Mütze für Matrosen der Kaiserlichen Marine, hier von der Marine-Artillerie. Um 1912.

36 Deutsches Reich; Hut (Zweispitz) für Seeoffiziere der Kaiserlichen Marine. Um 1910.

37 Deutsches Reich; Hut für Offiziere der Deutschen Schutztruppe in Südwestafrika, mit hellblauem Hutband (dieses war in Deutsch-Ostafrika weiß, für Kamerun und Togo rot). Um 1914.

38

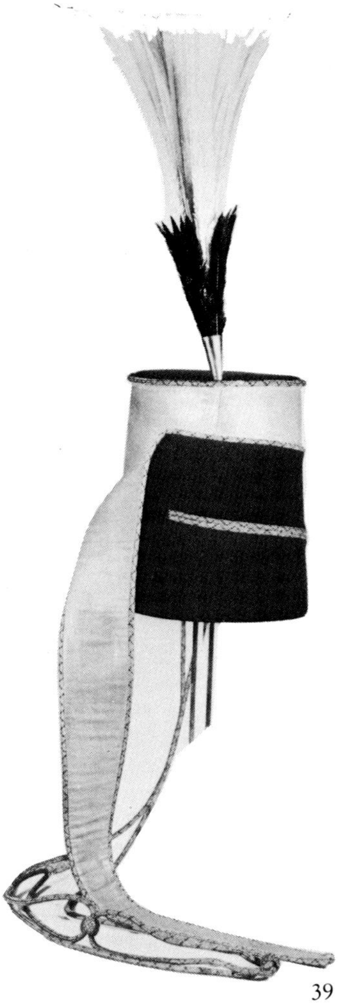

39

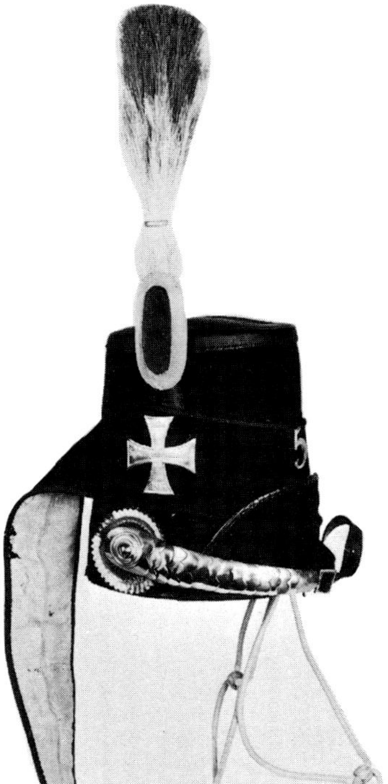

40

38 Preußen; Offiziers-Flügelmütze M/1843 des 11. Landwehr-Husaren-Regts. (zum 3. Westfäl. Landwehr-Regt. Nr. 16 gehörig).

39 Preußen; Offiziers-Flügelmütze M/1843 aus dem 1. Schlesischen Husaren-Regt. Nr. 4. Mit Geierfeder-Paradestutz.

40 Preußen; Flügelmütze für Mannschaften im 5. Landwehr-Husaren-Regt. (zum 4. Pommerschen Landwehr-Regt. Nr. 21 gehörig). Ab 1852 getragen.

44

44 Bayern; Kasket (»Rumfordhut«) für Offiziere der Füsiliere, 1789 - 1800. Der ehemals weiße Roßhaarschweif gedunkelt. Das Frontblech mit ausgeschlagener Dekoration und feuervergoldet. Helmkasten aus gepreßtem, lackiertem Filz, Schirme von Leder.

45

45 Kasket für Offiziere der Chevaulegers-Regimenter, M/1818 (getragen bis 1825).

55

55 Bayern; Offiziershelm und -kürass der Garde du Corps, M/1814, feuervergoldetes Messing, Bärenfellraupe. Das bereits 1811 geplante Regt. wurde aus Geldmangel erst am 16. 7. 1814 errichtet und wurde aus Gründen der Einsparung im Militäretat am 20. 11. 1825 wieder aufgelöst. Die Angehörigen des Regts. traten in das 1. Kürassier-Regt. Prinz Karl ein.

58

58 Bayern; Offiziershelm für Kürassiere, M/1845, mit Bärenfellraupe. Getragen 1845 - 1848 und nochmals 1864 - 1873. Eine Unterscheidung der Helme zur Zeit König Ludwig I. von denjenigen der Zeit Ludwig II. ist nicht möglich, das Aussehen und die Fertigung waren gleich. Dazu der Offizierskürass M/1815 mit originaler roter Manschette mit Silberstickerei; der Offizierskürass veränderte sein Aussehen nicht und blieb bis 1873 gleich.

41

42

43

41 Hannover; Helm für Mannschaften des 9. leichten Dragoner-Regts., 1763 - 1803. Leder, Schild mit Fellbe-
43 zug, Eisenmontierung.

46

47

48

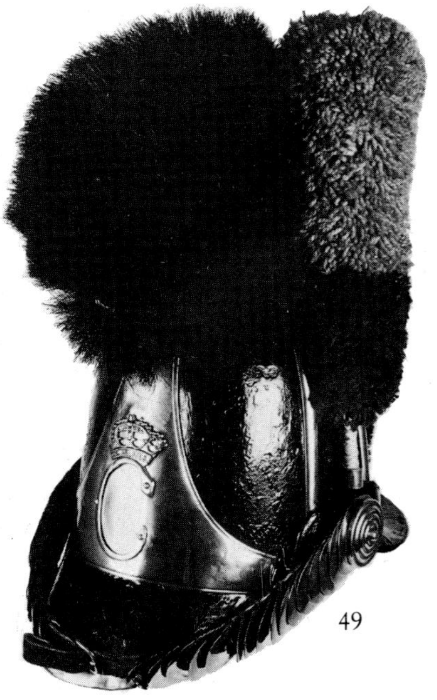

49

46 Preußen; Helm für Mannschaften der Linien-Kürassier-Regimenter, M/1808 (hoher Helmkopf, niedriger Kamm). Messingschild mit ausgeschlagenem Adler.

47 Oldenburg; Dragoner-Mannschaftshelm, wohl nicht offiziell eingeführtes Muster unter Herzog Paul Friedrich August. Um 1840/42.

48 Preußen; Helm für Mannschaften der Gardekürassiere, Form nach 1830 (niedriger Helmkopf, hoher Kamm). Messingschild mit versilbertem, aufgelegten Gardestern (bei der Garde du Corps wurde der Stern in das Schild geprägt).

49 Baden; Mannschaftshelm des 2. Dragoner-Regts. v. Geusau, 1813 errichtet, bis 1818 getragen.

50

51

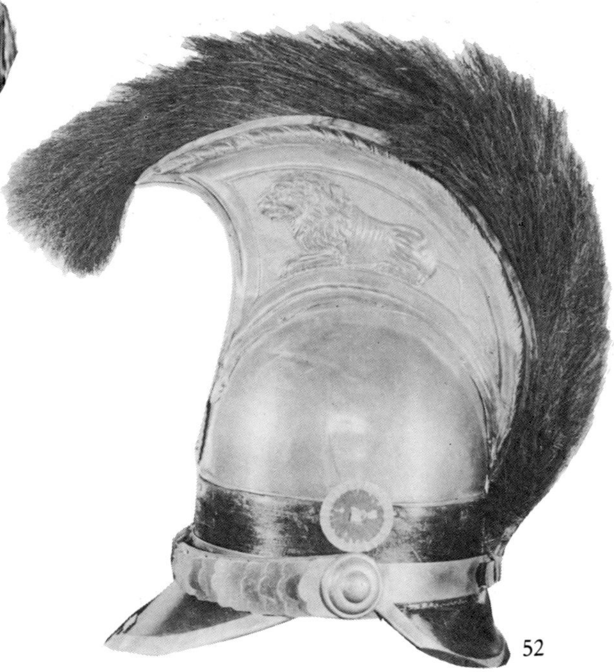

52

50 Bayern; Mannschaftshelm der Garde du Corps, 1814. Messingblech. Mit Namenszug König Max I. Joseph (1806 - 1825).

51 Bayern; Mannschaftshelm des Kürassier-Regts. Prinz Karl v. Bayern, M/1814. Helmglocke von Eisenblech.

52 Bayern; Mannschaftshelm der Garde du Corps, 1814. Seitenansicht.

53

54

53 Bayern; Kürassier-Offiziershelm M/1833. Mit Namenszug König Ludwig I. (reg. 1825 - 1848). Etwas niedrigere Form, Schuppenkette nicht mehr an Medusenhäuptern, sondern nunmehr an Löwenköpfen.

54 Bayern; Kürassier-Offiziershelm M/1843. Nachdem das preuß. Vorschlagsmuster M/1841 abgelehnt war, wurde 1842 ein leichterer Kürassierhelm für die Mannschaften eingeführt (blieb bis 1879). Für die Offiziere wurde als M/1843 ein Helm vorgestellt, der noch den Lederbundstreifen mit versilbertem Eichenlaub zeigt. Es dürften nur wenige Helme dieser Art gefertigt worden sein, sollten doch die alten Helme aufgetragen werden; andererseits wurde 1845 ein neuer Offiziershelm, ganz aus Neusilberblech gefertigt, ohne Bundstreifen und Eichenlaubverzierung eingeführt.

(Abb. Nr. 50 bis 54 mit freundlicher Erlaubnis des Bayer. Armeemuseums, Ingolstadt.)

67

68

69

67 Bayern; Kasket für Mannschaften im 1. Jäger-Bataillon, M/1815. Standort 1815 - 1819 Salzburg, dann Burghausen, Webpelzraupe.

68 Bayern; Kasket für Offiziere der Chevaulegers, M/1832. Mit Bärenpelzraupe.

69 Bayern; Jägerhelm M/1845, mit gelbem, einteiligen Beschlag.

70

71

72

70 Bayern; Infanterie-Offiziershelm M/1861, mit »Sonnenemblem« mit Namenszug König Maximilian II. (1848 - 1864).

71 Bayern; Helm für einen Unteroffizier der Reserve-Landwehr, M/1873, »Sonnenemblem« mit Namenszug König Ludwig II. (1864 - 1886). Der Helmkasten des Modells 1868 wurde 1873 nochmals niedriger.

72 Bayern; Helm für Offiziere der Infanterie, M/1868. Das Emblem »L« mit Krone wurde nunmehr zweiteilig gefertigt.

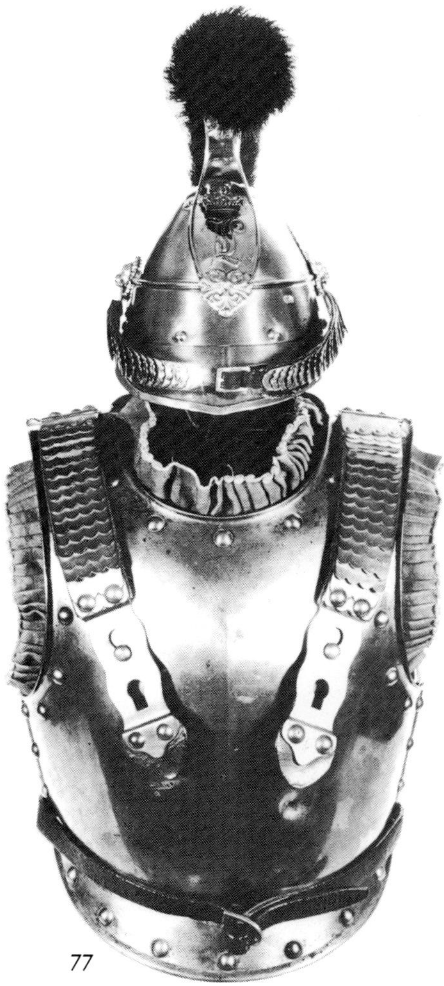

77

78

79

77 Bayern; Helm M/1842 für Mannschaften der Kürassiere, dazu Gußstahlkürass M/1845 mit Probeschuß.

78 Bayern; Mannschaftshelm M/1842 für Kürassiere, mit Namenszug König Maximilian II. ab 1848 und der 1848 bis 1851 getragenen Bundeskokarde unter der bayerischen.

79 Bayern; Kürassier-Offiziershelm M/1845, mit Namenszug des Königs Maximilian II., Neusilberblech, teils vergoldet.

80

81

82

80 Bayern; Kürassier-Offiziershelm M/1873, flache Form, aus Eisenblech. Bis 1879 getragen, der Kürass bereits 1873 abgeschafft.

81 Braunschweig; Offiziershelm der Artillerie, 1839 nach dem bayerischen M/1832 eingeführt. Vergoldete Beschläge, Bärenfellraupe. Bis 1866 getragen, dann Tschako eingeführt.

82 Hannover; Helm für Offiziere der Garde du Corps, M/1840. Leder mit vergoldetem Schild und teils versilberten Beschlägen. 1849 durch Metallhelm preußischen Musters ersetzt.

83

84

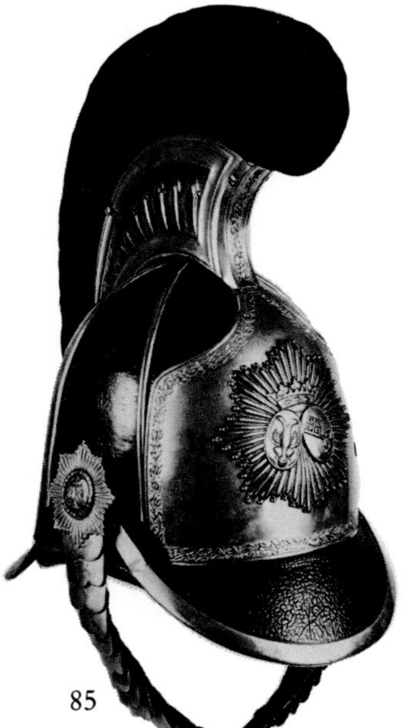

85

83 Sachsen; Offiziershelm der reitenden Abteilungen der Artillerie, M/1843, bis 1867 getragen. Ebenfalls genau dem bayerischen M/1832 entsprechend. Mit Namenszug König Johanns (ab 1854).

84 Baden; Mannschaftshelm der Artillerie, 1834, nach bayerischem Muster, bis 1849 getragen. Mit Namenszug des Großherzogs Leopold I. (regiert 1830 - 1852).

85 Hansestädte; Mannschaftshelm M/1834 der Hanseatischen Kavalleriedivision, Ausführung für die gemeinsam von Bremen und Lübeck gestellte Schwadron. Bis 1850 getragen. Versilberte, teils vergoldete Beschläge.

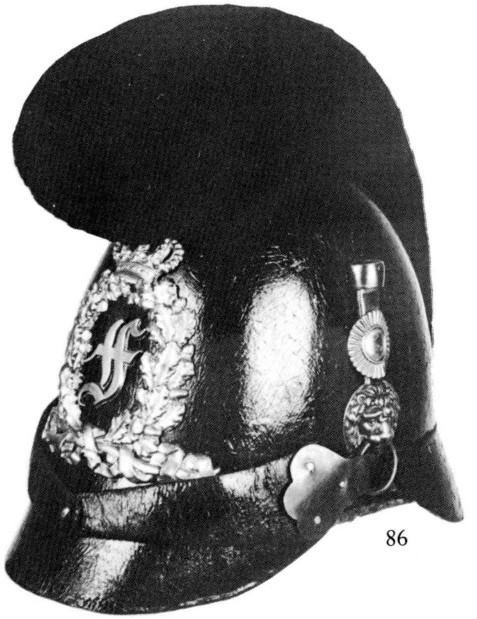

86

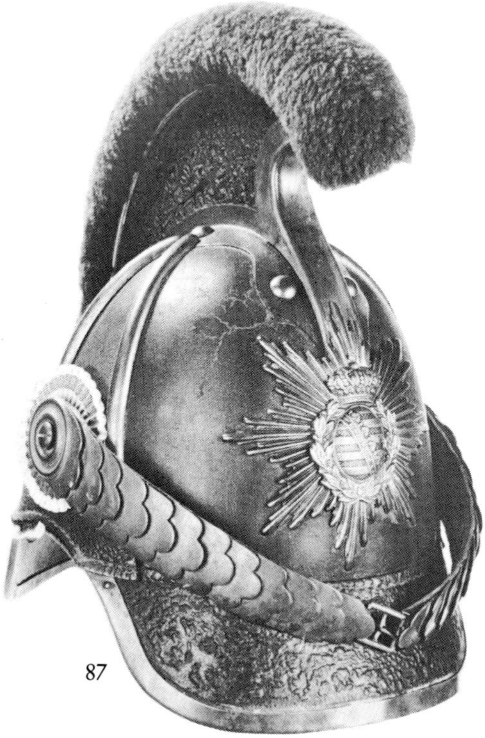

87

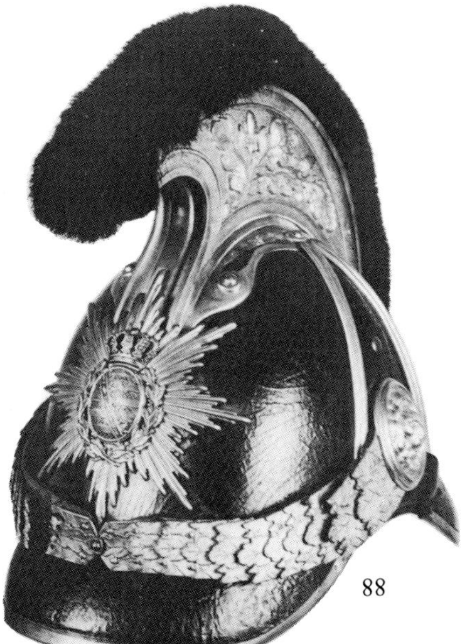

88

86 Baden; Mannschaftshelm der Artillerie unter Großherzog Friedrich I. (als Regent 1852 - 1856) bis etwa 1854 getragen.

87 Sachsen; Mannschaftshelm der Reiter-Regimenter, M/1867. Bis 1890 getragen, dann durch preußisches Muster ersetzt.

88 Sachsen; Offiziershelm der Reiter-Regimenter, M/1867.

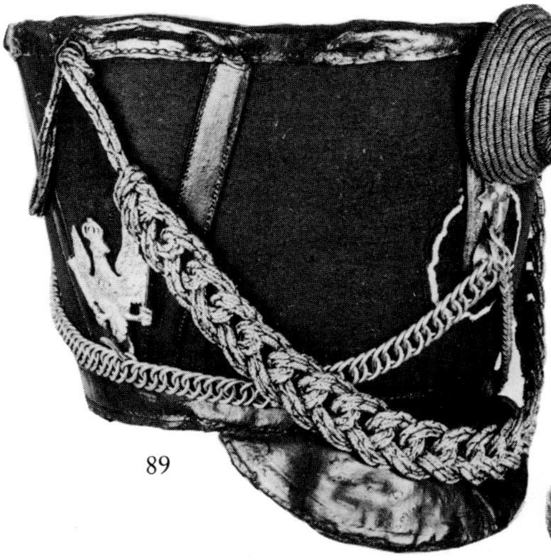

89

91

90

92

89 Preußen; Offiziers-Tschako vom 2. Brandenburgischen Husaren-Regt., M/1808.

90 Preußen; Tschako für Mannschaften der Füsilier-Regimenter 1 - 12, 1813.

91 Preußen; Landwehr-Tschako für Mannschaften, 1813 - 1815. In der Form des russischen Kiwer-Tschakos. Schwarzes Wachstuch auf Pappe.

92 Preußen; Mannschafts-Tschako für Infanterie-Regimenter (Füsilier-Tschako), mit rotem Roßhaarstutz für Hornisten zur Parade. Modell 1813.

93

94

95

96

93 Preußen; Offizierstschako der Linien-Jäger-Bataillone 1, 2, 5 und 6, Modell 1854.

94 Preußen; Mannschafts-Tschako der Linien-Jäger-Bataillone 2, 4, 7 und 8, Modell 1857, Parade.

95 Preußen; Tschako für Mannschaften im Westfälischen Jäger-Bataillon Nr. 7, Cleve. Mit Kinnriemenaufhängung an Haken M/1887. Da sich diese Aufhängung, die auch am Helm vorgeschrieben wurde, nicht bewährte, wurde sie 1891 durch den bis zuletzt verwendeten Knopf M/91 ersetzt.

96 Preußen; Tschako M/1890 für Offiziere aus dem Hannoverschen Jäger-Batl. Nr. 10, mit dem 1899 verliehenen Auszeichnungsbandeau.

97

98

99

100

97 Preußen; Tschako für Mannschaften der Jäger aus Ersatzmaterial (grünes Wachstuch), Frühjahr 1915.

98 Deutsches Reich; Tschako für Reserve-Offiziere der See-Bataillone (Marine-Infanterie), M/1883.

99 Hannover; Tschako eines Kanoniers der Fußbatterien der Artillerie, ca. 1820. Gelber Beschlag, der Behang fehlt.

100 Hannover; Tschako M/1860 eines Subalternoffiziers der Linien-Infanterie. Am Feldzeichen Namenszug König Georg V. (reg. 1851 - 1866). Diese Tschakos wurden nach österreichischem Vorbild eingeführt.

101

102

103

104

101 Hannover; Tschako eines Feldwebels des Garde-Regiments, M/1860.

102 Braunschweig; Tschako für Mannschaften der 2. (Braunschweig.) Batterie des Feldartillerie-Regts. 46. Tragweise 1868 bis 1886.

103 Braunschweig; Tschako für Mannschaften des 1. und 2. Batl. des Inf.Regts. 92, Tragweise 1867 -1886.

104 Braunschweig; Tschako für Reserve-Offiziere des 1. und 2. Batl. Inf.Regt. 92, 1867 - 1886.

107

106

108

109

6 Sachsen-Anhalt; Tschako für Offiziere der Infanterie, um 1830. Mit weiß-grünem Roßhaarstutz.

7 Sachsen; Tschako für Mannschaften der Infanterie-Brigaden, mit Feldzeichen einer 12. Kompanie. Eingeführt 1846; Trageweise unter König Johann (regiert 1854 - 1873), durch »Pickelhaube« 1867 ersetzt.

8 Sachsen; Offiziers-Tschako aus dem 1. Jäger-Bataillon Nr. 12, Freiberg. Trageweise ab 1897 (mit Reichskokarde).

9 Sachsen; Manöver-Tschako aus Wachstuch für Jäger-Offiziere, um 1890.

110

111

112

110 Sachsen; Tschako für Unteroffiziere der Infanterie, M/1832; bis 1846 getragen. Mit weiß-grünem Federstoß.

111 Württemberg; Tschako für Mannschaften des Train-Batl. 13, 1892. (Preußisches M/1860).

112 Baden; Tschako für Mannschaften des Train-Batl. 14, 1860 - 1891.

59

60

61

62

59 Baden; Mannschaftshelm des Dragoner-Regts. v. Freistedt, 1810 (bis 1818 getragen). Mit Chiffre des Großherzogs Carl.

60 Preußen; Offiziershelm für Gardes du Corps und Garde-Kürassiere, M/1808, Ausführung um 1820.

61 Baden; Offiziershelm des Leichten Dragoner-Regts., M/1808, Ausführung ab 1818 (Großherzog Ludwig I., regierte bis 1830).

62 Preußen; Kürassier-Offiziershelm der Linien-Regimenter, ab 1830 bis 1842.

57

57 Hannover; Offiziershelm M/1816 für Garde-Kürassiere. Dazu der Offizierskürass. Bis 1833 getragen, danach wurde das Regiment zu Dragonern umgewandelt und erhielt lederne Bügelhelme mit Roßhaarraupe.

56

56 Hannover; Offiziershelm und -kürass M/1815 für das Regt. Garde du Corps. Bis 1833 getragen. Der Helm feuervergoldet mit massiv silbernen Beschlägen, nach dem gleichzeitig in England eingeführten Muster für die Offiziere der 1st Life Guards.

63

64

65

66

63 Baden; Helm für Dragoner-Offiziere, M/1834, bis 1850 getragen. Variante dieses Helmmodells, ohne Roßhaarraupe getragen.

64 Baden; Dragoner-Offiziershelm M/1834, Tragweise 1848 - 1850 mit Bundeskokarde unter der Landeskokarde. Mit Roßhaarraupe.

65 Sachsen; Mannschaftshelm der Reiter-Regimenter, M/1849, Ausführung mit Namenszug König Johanns, seit 1854. Dieses Helmmodell wird ohne Raupe getragen. 1867 wird ein neues, niedrigeres Modell, wieder mit Raupe, eingeführt.

66 Sachsen; Offiziershelm der Reiter-Regimenter, M/1849, Ausführung 1854 - 1867.

113

114

115

116

3 Bayern; Tschako für Offiziere des Luftschiffer- und Fliegerbataillons, 1911 - 1918. Ausführung ab 1915, Schuppenketten an Rosetten über Knopf 91 (im Feld mit Kinnriemen getragen).

4 Bayern; Kriegs-Ersatzfertigung eines Jäger-Tschakos. In einem Stück gepreßter Filz. Getragen 1915.

5 Mecklenburg-Schwerin; Tschako für Offiziere des Jäger-Bataillons Nr. 14, Colmar i. E. Trageweise ab 1897.

6 Bayern; Tschako für Gendarmerie-Offizier, M/1848. Mit Stadtwappen (Wasserburg/I.). Schwarzes Wachstuch auf Pappe.

119

120

121

122

119 - 122 Einzig erhaltenes Original des Probehelms für preußische Kürassiere, von der Firma Wilhelm Jaeger in Elberfeld 1841 gefertigt, wohl auch entworfen. Dieser Probehelm ging an alle (interessierten) deutschen Staaten, so u. a. auch an Bayern, wurde hier aber abgelehnt. Mit kleinen Änderungen wurde dieser Helm 1842/43 für die preußischen Kürassiere eingeführt. Nicht übernommen wurde insbesondere der hochklappbare Vorderschirm, der dazu dienen sollte, bei Dämmerung bessere Sicht zu haben, oder einfach das Tragen des Helms »außer Gefecht« bequemer zu machen. Die Abbildungen zeigen den Helm von allen Seiten.

123

124

125

3 Preußen; Kürassier-Offiziershelm M/1843. Bei den Linien-Regimentern Nr. 1 - 5 und 7 - 8 waren die Helme aus Eisenblech mit vergoldeten Beschlägen gefertigt, die beiden Garde-Regimenter und das 6. Kürassier-Regt. besaßen Helme aus Tombak mit neusilbernen Montierungen.

4 Preußen; Helm für Offiziere der schweren Reiter-Regimenter (Landwehrkavallerie), mit Landwehrkreuz auf dem Adler. Deutlich zu sehen der beim M/1843 noch außen angenietete Vorderschirm, der ab 1853 innen vernietet wurde, damit bei Regen kein Wasser zwischen Helm und Schirm ins Gesicht lief. Die Kokarde bei diesem Helm aus Seide; es gab auch Kokarden aus gepreßtem Leder oder Blech.

5 Preußen; Offiziershelm M/1843 aus dem Brandenburgischen Kürassier-Regt. (Kaiser Nikolaus I. von Rußland) Nr. 6. Obwohl eine schwarz-weiß Aufnahme, ist doch das goldglänzende Tombak zu erkennen.

126

128

129

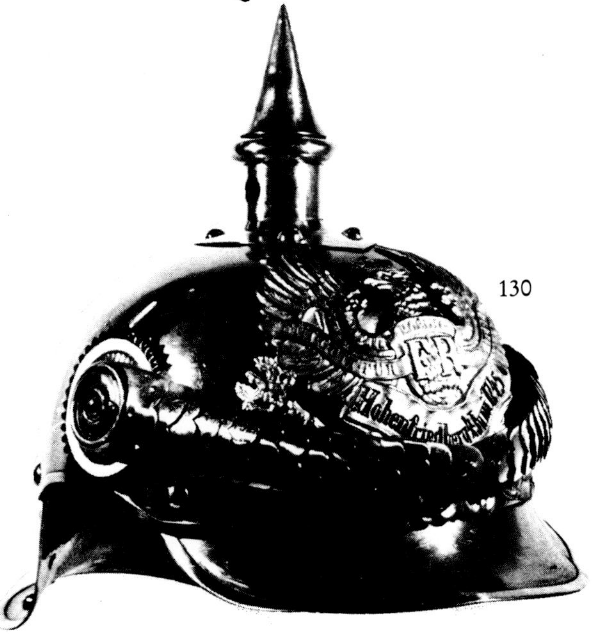

130

126 Preußen; Mannschaftshelm für Linien-Kürassiere, M/1853/60. Eisen mit Messingbeschlägen. Der Schirm ist nunmehr innen genietet, die Schuppenketten sind an Schlitzschrauben befestigt, da die bisherigen vorstehenden Schrauben sich nicht bewährten (ab 1862). Der Adler trägt das 1860 eingeführte Vaterlandsbandeau, das noch nicht mitgeprägt ist, sondern auf die bisherigen Adler aufgelötet wurde.

128 Preußen; Offiziershelm M/1843 des Kürassier-Regts. Königin (Pommersches) Nr. 2, Pasewalk. Mit dem 1845 verliehenen Bandeau zur Erinnerung an die Schlacht bei Hohenfriedeberg, 4. 6. 1745; dieses wurde ab 1861 auf dem Adler aufgeprägt.

129 Preußen; Offiziershelm des Leib-Kürassier-Regts. Großer Kurfürst (Schlesisches) Nr. 1, Breslau, M/1902. Die Offiziere dieses Regts. trugen am Helm flache Schuppenketten mit Randwülsten.

130 Preußen; Mannschaftshelm M/1889/94 aus dem Kürassier-Regt. Königin.

131

132

133

134

1 Preußen; Offiziershelm M/1889 aus dem Kürassier-Regt. Königin.

2 Kurhessen; Offiziershelm des Regts. Garde du Corps, M/1846. Tombak, mit emailliertem Stern des Hausordens vom Goldenen Löwen. Bis zur Auflösung des Regiments 1866 getragen.

3 Oldenburg; Dragoner-Offiziershelm M/1849, bis 1864 getragen, dann durch Mützen ersetzt. Neusilberblech mit vergoldeten Beschlägen.

4 Mecklenburg-Schwerin; Dragoner-Offiziershelm M/1847, bis 1865 getragen. Neusilber mit vergoldeten Montierungen.

135

137

138

139

135 Hamburg; Offiziershelm der Dragoner M/1850, Neusilber mit vergoldeten Beschlägen, bis 1866 getragen.

137 Schleswig-Holstein; Offiziershelm für Dragoner, M/1848, bis 1850 getragen. Eisenblech mit vergoldeten Beschlägen.

138 Preußen; Offiziershelm M/1867 aus dem Königin-Kürassier-Regt., in der »modischen« flachen Form der 1880er Jahre.

139 Hannover; Mannschaftshelm M/1849 der Garde-Kürassiere, mit weißem Paradebusch. Eisen mit Messingmontierung.

140

141

142

40 Preußen; Helm M/1889 für Leib-Gendarmerie, vernickeltes Eisen mit gelben Beschlägen und neusilbernem Gardestern. Mit vergoldetem Paradeadler.

41 Preußen; Helm für Offiziere der Regimenter Gardes du Corps und Garde-Kürassiere, M/1889, Ausführung ab 1897. Mit versilbertem Paradeadler.

42 Preußen; Helm für Mannschaften der Garde-Kürassiere, M/1843, Parade.

143

144

145

146

143 Preußen; Helm für Mannschaften der Garde-Kürassiere, M/1889/94. Mit Paradeadler.

144 Preußen; Helm für Trompeter der Garde-Kürassiere, Parade, M/1867. Von 1843 bis 1890 trugen die Trompeter zur Parade einen roten Roßhaarbusch mit neusilbernem Trichter, erst danach ebenfalls den Aufsatzadler.

145 Sachsen; Helm M/1890 für Garde-Reiter, mit dem aufgeschraubten, 1907 verliehenen sprungbereiten Löwen.

146 Sachsen; Helm für Offiziere der Garde-Reiter, Parade.

147

148

149

47 Sachsen; Helm M/1890 für Mannschaften der Karabiniers, mit weißem Roßhaar-Paradebusch.

48 Sachsen; Helm für Reserve-Offiziere der Karabiniers, mit Landwehrkreuz unter dem Helmwappen, Parade.

49 Preußen; Offiziershelm der Regimenter Jäger zu Pferde Nr. 1 - 7, Helmglocke vernickelt, Beschläge versilbert, Schuppenketten vergoldet, so ab 1905 getragen.

150

151

152

153

150 Preußen; Reserve-Offiziershelm der Linien-Kürassier-Regimenter, M/1889. Vernickelte Beschläge vergoldet.

151 Preußen; Kriegs-Ersatzfertigung eines Kürassierhelmes für Mannschaften, feldgrau lackiert, Nieten blind gepreßt, mit Kinnriemen.

152 Preußen; Offiziershelm der Regimenter Jäger zu Pferde Nr. 8 - 13, M /1913. Geschwärztes Blech mit vergoldeten Beschlägen.

153 Preußen; Mannschaftshelm der Jäger zu Pferde, M/1905. Geschwärzter Stahl, neusilberne Beschläge (für Regt. 1 - 6) und gelbe Schuppenketten, bei Regt. 7 alle Beschläge gelb. Die Mannschaften der Regimenter 8 -13 trugen lederne Dragonerhelme.

162

163

164

162 Preußen; Offiziershelm der Garde-Artillerie-Brigade, M/1844. Der Kugelaufsatz zunächst länglich, wurde gegen Ende der 40er Jahre rund.

163 Preußen; Mannschaftshelm des Kaiser Alexander Garde-Grenadier-Regts. Nr. 1, M/1857. Gelbe Beschläge.

164 Preußen; Offiziershelm M/1842 der Linien-Infanterie. Vergoldete Beschläge, seidene Kokarde.

166

165

165 Preußen; Offiziershelm vom 9. Infanterie-Regt. (Colberg), M/1857. Mit Auszeichnungsbandeau, verliehen 1849. Ab 1860 saß das Bandeau auf dem Helmadler, seitdem wurden auch die ersten zwölf (ältesten) Infanterie-Regimenter Linien-Grenadier-Regimenter. Vergoldete Beschläge, schwarzer Haarbusch zur Parade.

166 Baden; Offiziershelm für Infanterie (und Dragoner) M/1850. Vergoldete Beschläge. Bei der Einführung der »Pickelhaube« 1849 wurde zunächst anstelle der Spitze eine Kugel getragen, sie wich 1850.

167

168

169

167 Baden; Dragoner-Offiziershelm M/1860. Deutlich erkennbar der erniedrigte Helmkasten. Schuppenkette noch an Schrauben, Offiziersbusch noch von weißem Roßhaar. Beschläge seit 1860 (wie die Uniformknöpfe) weiß bzw. versilbert.

168 Hessen-Darmstadt; Offiziershelm (für alle Truppenteile) M/1849, Ausführung ab 1857, mit bereits niedrigerem Helmkasten.

169 Baden; Offiziershelm der Artillerie, 1850 - 1851. Mit rundem Vorderschirm und Landeskokarde, darüber die 1848 - 1851 in Deutschland eingeführte schwarz-rot-goldene Bundeskokarde.

170

171

172

170 Hannover; Offiziershelm M/1849 der Linien-Infanterie. Bis 1858 bzw. 1860 getragen. Gelbe Beschläge mit weißem Roß.

171 Nassau; Offiziershelm der Infanterie, M/1849, bis 1862 getragen. Wie in Baden wurde zunächst eine Kugelspitze getragen, dann eine 4-fach gekehlte Spitze. Vergoldete Beschläge.

172 Hannover; Mannschaftshelm der Dragoner, M/1849. Aus schwarz lackiertem Blech, gelbe Beschläge. Bis 1866 getragen; zur Parade schwarze Haarbüsche.

173

174

175

176

173 Preußen; Offiziershelm M/1843 für Gendarmerie (Polizei). Vergoldete Beschläge.

174 Preußen; Offiziershelm für Infanterie, M/1860. Vergoldete Beschläge. Noch haben die Infanterie-Offiziere Kreuzblatt, eckigen Vorderschirm und gewölbte Ketten (Änderung mit M/1867).

175 Preußen; Infanterie-Offiziershelm M/1867. Nunmehr mit Tellerbasis, rundem Vorderschirm und flachen Schuppenketten. Die Hinterschiene wurde abgeschafft, jedoch 1871 wieder eingeführt, da die Stabilität des Helmes litt.

176 Preußen; Mannschaftshelm M/1887, hier mit Adler der Unteroffiziers-Vorschulen. Erstmals wurde bestimmt, daß die Schuppenketten nur zur Parade getragen werden sollten, zum Dienst Kinnriemen. Um den Wechsel einfach zu gestalten, wurde die Hakenbefestigung eingeführt, die sich jedoch nicht bewährte. Anstelle des Hakens erscheint 1891 der Knopf M/91, wie bis zuletzt getragen.

177

178

179

177 Preußen; Infanterie-Offiziershelm M/1871, Form und Tragweise ab 1897.

178 Braunschweig; Mannschaftshelm des Infanterie-Regts. 92, mit Totenkopf bis 1912 nur vom 3. Batl. getragen, danach für das ganze Regiment vorgeschrieben. Am Spitzenhals der 1887 eingeführte Wulst statt des Perlrings.

179 Preußen; Mannschafts-Eigentumshelm, Form ab 1897. Mit Kinnriemen am Knopf M/91 und Perlring am Spitzenhals, der für Mannschaften offiziell seit 1887 gegen einen Wulst vertauscht war. Bei Eigentumsstücken sind solche unvorschriftsmäßigen Details sehr häufig gewesen.

73

74

75

76

73 Bayern; Kasket für Infanterie, M/1808, bis 1818 getragen. (Nach 1818 erscheint die Truppenteilbezeichnung auf dem bisher glatten Messingreif).

74 Bayern; Jägerhelm M /1845, Ausführung 1848. Für die Jäger fiel die auffällig blinkende »Sonne« des Emblems weg, es wurde nur der Namenszug »M« mit Krone aufgelegt.

75 Bayern; Artillerie-Offiziershelm nach Muster 1861, Tragweise 1864 - 1868. Mit rotem Haarbusch und Messing-Hiebspangen an der Seite.

76 Bayern; Chevauleger-Offiziershelm M /1868, mit Paradebusch links aus weißen Straußenkükenfedern, mit rautenförmig silbern-blau umsponnener Wurzel. (Der stehende weiße Roßhaarbusch der Mannschaften wurde 1873 durch einen hängenden ebensolchen ersetzt.)

248

248 Bayern; Offiziershelm M/1832 für Chevaulegers und Artillerie. Der nun wesentlich niedrigere Helmkasten brachte Gewichtserleichterung und besseren Sitz auf dem Kopf, vor allem während des Reitens, ohne dabei auf die seit 1808 geführten dekorativen Beschläge zu verzichten.

158

159

160

161

8 Schleswig-Holstein; Offiziershelm der Infanterie, 1848 - 1850.

9 Lippe-Detmold; Offiziershelm der Infanterie, 1848 - 1861.

0 Lauenburg; Offiziershelm des Herzogl. Infanterie-Batl., 1849.

1 Bremen; Offiziershelm der Freiw. Infanterie 1850.

180

181

182

183

180 Preußen; Generalshelm aus dem Besitz Kaiser Wilhelm II., mit Paradebusch.

181 Württemberg; Generalshelm nach 1897, mit Paradefederbusch.

182 Bayern; Helm für Generaladjutanten und Generalärzte, mit Emailwappen ab 1913.

183 Oldenburg; Helm für Flügeladjutanten des Großherzogs, ca. 1912. Mit Paradefederbusch.

154

155

156

157

4 Preußen; Offiziershelm aus dem 1. Garde-Regt. zu Fuß, Berlin, M/1843.

5 Baden; Infanterie-Offiziershelm 1849 - 1850. Im ersten Jahr der Einführung mit Kugelaufsatz anstelle einer Spitze getragen.

6 Hannover; Helm für General, M/1848. Das Mittelstück des Sterns in feiner Porzellanmalerei.

7 Mecklenburg-Schwerin; Mannschaftshelm M/1848 für Infanterie, getragen bis 1866.

208

208 Sachsen-Coburg; Helm des Herzogs Carl Eduard, getragen als Chef des 6. Thüringischen Infanterie-Regts. Nr. 95. Mit Paradebusch, dazu der Damastsäbel des Herzogs.

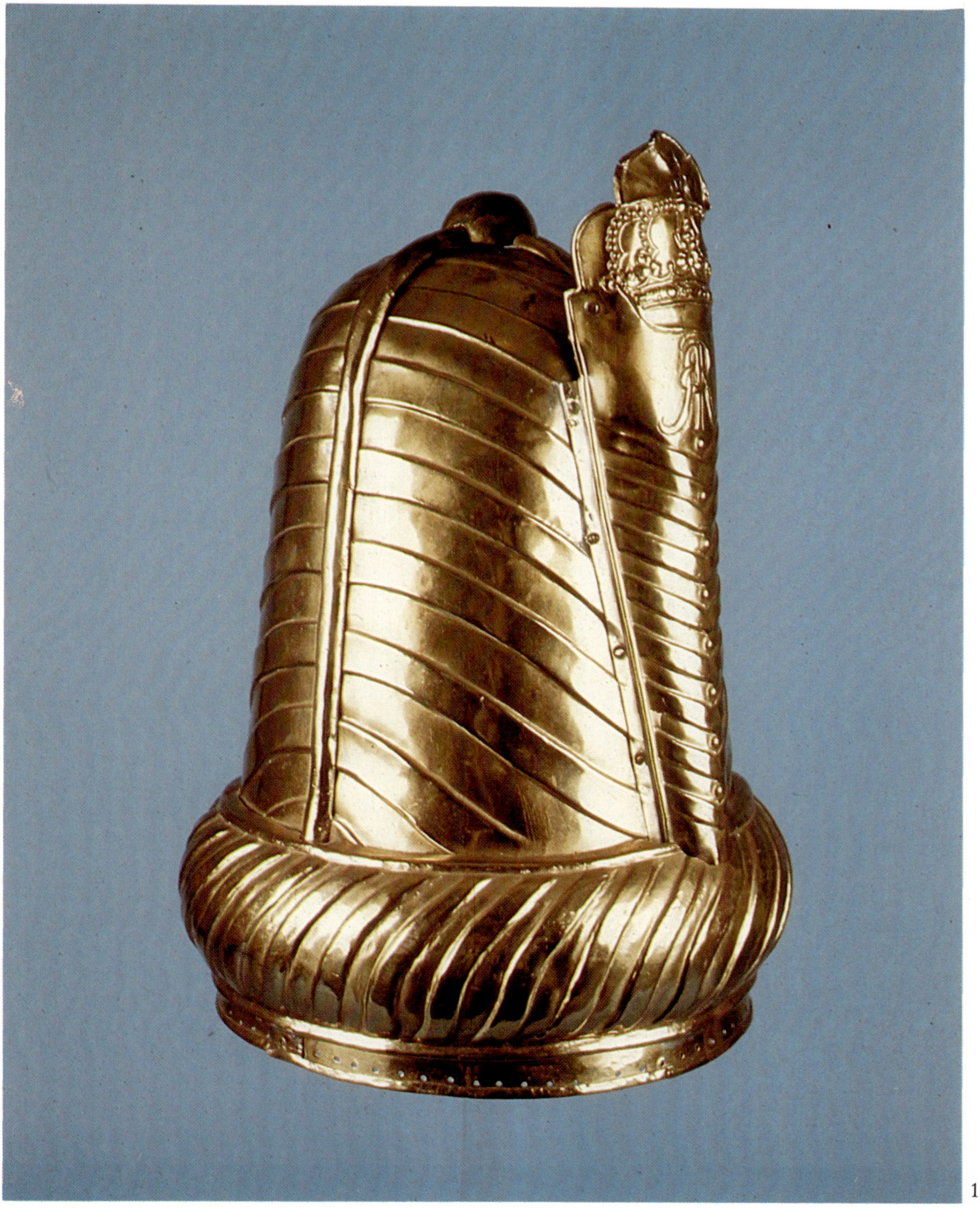

117

117 Sachsen-Polen; Helm für Unteroffiziere des Janitscharen-Corps, 1715 - 1733. Errichtet von Kurfürst Friedrich-August I., als König in Polen August II., gemeinhin »August der Starke« genannt. (geb. 1670; regiert 1694 - 1733). Die Offiziere der Janitscharen trugen reich verzierte Stoffturbane, die Mannschaften Mützen. Lediglich die Unteroffiziere hatten diesen eigentümlichen, einem Turban nachempfundenen Helm aus vergoldetem Messing. Der Namenszug »AR« bedeutet »Augustus Rex«, in der Tülle wurde eine etwa 1 Meter lange Feder getragen.

118

118 Preußen; Musterhelm für Kürassiere M/1841. Die »Ur-Pickelhaube«.

184

185

186

184 Preußen; Mannschaftshelm für Garde-Infanterie, Parade. Form ab 1897. Gut erkennbar die glatte Nadel für den Busch der Mannschaften, die sich zum Spitzenhals hin verengt, während der Offizierstrichter nach unten hin die Breite der normalen Spitze erreicht.

185 Preußen; Offiziershelm der Garde-Infanterie, Form ab 1897. Beschlagfarbe je nach Knopffarbe.

186 Preußen; Eigentumshelm eines Fähnrichs der Linien-Dragoner-Regimenter, Form nach 1897. Der Träger mußte nach bestandenem Offiziersexamen nur noch Sternschrauben und Offizierskokarden anbringen, um einen korrekten Offiziershelm zu haben.

188

187

189

187 Preußen; Feldgrauer Mannschaftshelm für Dragoner, offizielle Probe von 1915.

188 Preußen; Offiziershelm aus dem Grenadier-Regt. zu Pferde Frhr. v. Derfflinger (Neumärkisches) Nr. 3, Bromberg. Dieses Regt. erhielt 1897 ehrenhalber den Grenadier-Adler sowie mit Granaten verzierte Rosetten an den Schuppenketten. Versilberte Beschläge.

189 Preußen; Fußartillerie-Offiziershelm nach 1897. Gut zu erkennen der überhohe Spitzenhals sowie der nochmals überhöhte Sockel der Kugel, ein Rückfall ins »Imponiergehabe«. Beschläge vergoldet.

190

191

192

90 Bayern; Infanterie-Reserve-Offiziershelm M/1886. Noch mit dem großen Helmwappen. Anfänglich (bis 1897) war die bayerische Kokarde rechts am Helm, und nicht gezackt, sondern mit wellenförmigem Rand.

191 Bayern; Infanterie-Offiziershelm mit Emblem M/1896. Es werden jedoch weiterhin auch Helme mit dem großen Wappen getragen. Der oberhalb des Bandeaus oft vorhandene (beim großen Wappen obligatorische) Lorbeer- und Eichenzweig läßt sich weder aus Vorschriften noch aus Fotodokumenten als zu einem bestimmten Truppenteil gehörig ergründen.

192 Bayern; Offiziershelm aus dem 1. Schweren Reiter-Regiment Prinz Karl v. Bayern, München. Parade, in der seit 1897 getragenen Form.

193

194

195

193 Bayern; Mannschaftshelm M/1897 für Schwere Reiter. Die erste »Pickelhaube« in der bayerischen Armee, noch unter König Ludwig II. eingeführt. Praktisch ein Raupenhelm M/1873 mit Spitzenaufsatz anstelle der Raupe.

194 Bayern; Mannschaftshelm M/1886 für Infanterie. Gelbe Beschläge, Schuppenketten bereits an Knopf M/91. Anfänglich besaß auch der Infanterie-Helm gewölbte Ketten (ab 1913 wieder allgemein »schwach gewölbte« Ketten eingeführt).

195 Bayern; Mannschaftshelm der Infanterie M/1896. Nunmehr nach preußischem Muster mit Telleraufsatz. Das Helmwappen ebenfalls verkleinert und aus »Aluminiumbronze« gefertigt, es durfte — wie schon der »L«-Beschlag der Raupenhelme — nie geputzt werden, da es einen Schutzlack trug.

196

197

198

96 Bayern; Offiziershelm der Fußartillerie M/1915. Erstmals sollte die bayerische Artillerie die Kugelspitze (auf Kreuzblatt) tragen. Jedoch setzte sich diese Einführung nicht durch, nur wenige Offiziere befolgten die neue (auch erst für den »künftigen Frieden« geltende) Vorschrift.

97 Bayern; Infanterie-Helm in Kriegsersatzfertigung aus feldgrau lackiertem Blech, in einem Stück gezogen. Eine weitere Variante der zahlreichen Versuchshelme, die in Bayern u. a. von dem Blechspielzeughersteller Gebr. Bing in Nürnberg gefertigt wurden.

98 Baden; Offiziershelm der Infanterie, Form ab 1897. Vergoldete Beschläge.

199

200

201

199 Hessen-Darmstadt; Offiziershelm aus dem Leibgarde-Infanterie-Regt. (1. Großherzogl. Hess.) Nr. 115, Darmstadt. Form ab 1897, mit Paradebusch. Abweichend von den üblichen hessischen Helmen mit Sternschrauben und flachen Schuppenketten (auch der Großherzog trug den Helm in dieser Ausführung).

200 Baden; Offiziershelm der Feldartillerie, Form ab 1897. Vergoldete Beschläge.

201 Hessen-Darmstadt; Infanterie-Offiziershelm nach 1897. Als Besonderheit trugen die hessischen Offiziere keine Sternschrauben am (glatten) Kreuzblatt, außerdem immer gewölbte Ketten, auch bei Fußtruppen. (Ausnahme siehe Abb. 199.)

202

203

204

2 Mecklenburg-Strelitz; Offiziershelm des 2. Batl. des Grenadier-Regt. Nr. 89, Neustrelitz. Form ab 1897. Vergoldete Beschläge.

3 Oldenburg; Eigentumshelm eines Wachtmeisters im Dragoner-Regt. Nr. 19. Versilberte Beschläge. Form ab 1897.

4 Mecklenburg-Schwerin; Mannschaftshelm des 1. und 3. Batl. des Grenadier-Regts. Nr. 89. Form 1867 bis 1890.

205

206

207

205 Sachsen; Infanterie-Mannschaftshelm M/1867. Gelbe Beschläge.

206 Mecklenburg-Schwerin; Reserve-Offiziershelm des Dragoner-Regts. Nr. 17, Ludwigslust. Form ab 1897.

207 Sachsen; Helm für Generale, Form ab 1897. Helmstern bunt emailliert, Beschläge vergoldet.

209

210

211

209 Württemberg; Infanterie-Offiziershelm M/1871; die Landeskokarde wird noch rechts getragen. Vergoldete Beschläge.

210 Württemberg; Infanterie-Mannschaftshelm M/1871. Gelbe Beschläge, um 1895.

211 Württemberg; Infanterie-Mannschaftshelm, Ersatzfertigung 1915 aus schwarz lackiertem Blech, gelbe Beschläge.

212

213

214

212 Württemberg; Pionier-Offiziershelm, Form nach 1897. Versilberte Beschläge.

213 Württemberg; Artillerie-Mannschaftshelm, mit feldgrauen Beschlägen, 1915.

214 Württemberg; Infanterie-Mannschaftshelm, Ersatzfertigung aus Kork mit Tuchbezug, gelbe Beschläge, vereinfachter Kinnriemen, getragen im Sommer 1915.

215

216

15 Bayern; Offiziers-Tschapka M/1813 des (1.) Ulanen-Regiments; bis zur Auflösung des Regiments 1822 getragen. Der hängende Busch ab 1817, vorher ein stehender weißer Roßhaarstoß. Gelbes Tuch auf Spanischrohr »fleißig genäht«.

16 Preußen; Tschapka für Offiziere der Landwehr-Kavallerie, M/1808, Ausführung um 1820. Blauer Tuchbesatz. Besonders lange Fangschnur, die mehrmals um den Leib geschlungen getragen wurde.

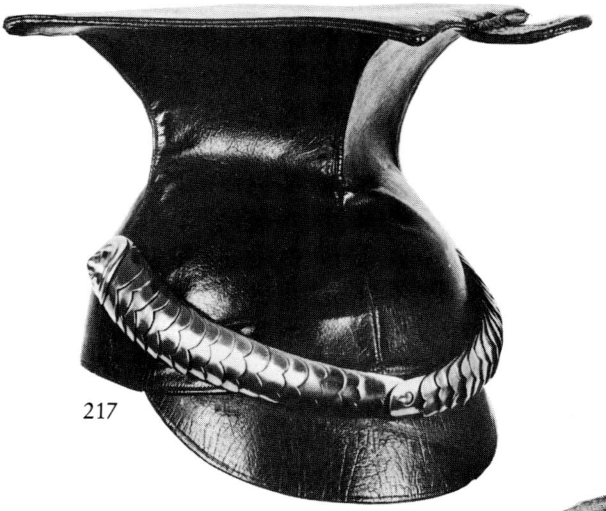

217

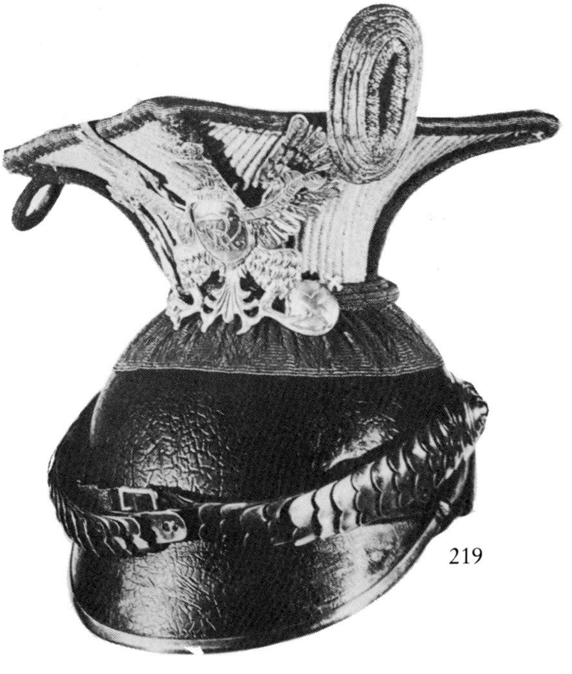

219

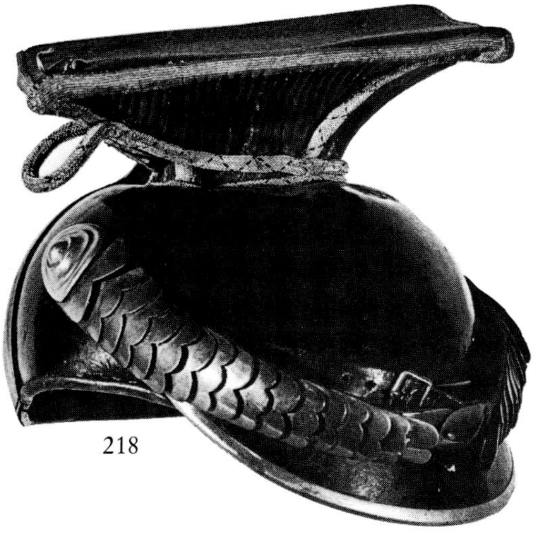

218

217 Preußen; Dienst-Tschapka für Ulanen-Offiziere, aus schwarzem Leder, ohne Adler, mit angedeutetem, ledernen Feldzeichen. Unvorschriftsmäßiger, jedoch häufig getragener Ersatz für den normalerweise vorgeschriebenen Tschapka mit schwarzem Wachstuchüberzug. Bis 1867 getragen.

218 Preußen; Offiziers-Tschapka M/1862 aus den Ulanen-Regimentern 4 oder 8. Der noch auf dem Hals getragene Adler fehlt.

219 Preußen; Offiziers-Tschapka M/1862 aus dem 1. Brandenburgischen Ulanen-Regiment (Kaiser von Rußland) Nr. 3 (nach Sachsen abkommandiert). Zwar schon das Modell 1862, jedoch noch annähernd die höhere Form des Modells 1843, aber mit Vorderschiene. Die Offiziere des Regiments erhielten 1862 als besondere Auszeichnung eine breite Goldtresse russischer Musterung, die um den Kopfteil gehakt wurde. Gelber Tuchbesatz.

223

224

225

23 Bayern; Tschapka M/1873 für Mannschaften der beiden Ulanen-Regimenter, mit Paradebusch. Roter Tuchbesatz.

24 Bayern; Tschapka M/1886 für einen Fähnrich im 1. Ulanen-Regt. Kaiser Wilhelm, König v. Preußen, Bamberg. In Paradeausstattung.

25 Sachsen; Offiziers-Tschapka M/1867, Ausführung für das 1905 errichtete 3. Ulanen-Regt. Nr. 21, Kaiser Wilhelm II., König v. Preußen, Chemnitz. In Paradeausstattung.

226

228

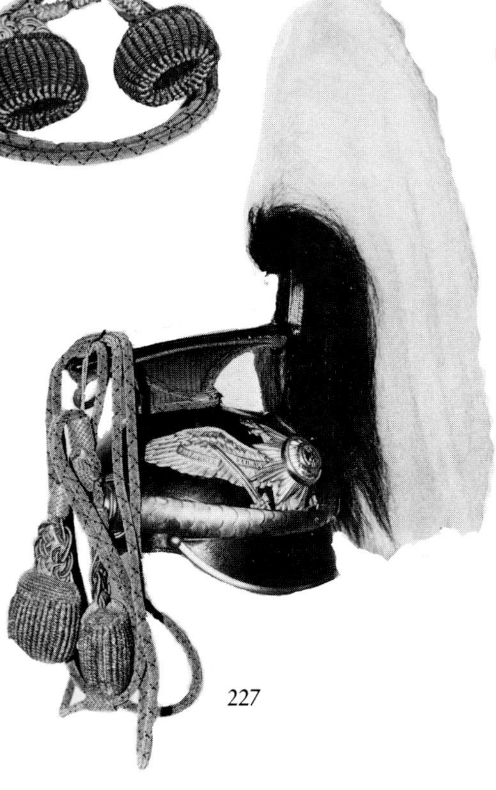

227

226 Württemberg; Offiziers-Tschapka in der Form ab 1897 für Offiziere des Ulanen-Regts. König Wilhelm I. (2. Württ.) Nr. 20, Ludwigsburg. In Paradeausstattung, jedoch ohne Haarbusch.

227 Preußen; Tschapka für Offiziere des 3. Garde-Ulanen-Regts., Potsdam, in Paradeausstattung. Dieses Modell mit eingehakter Rabatte 1868 eingeführt, in dieser eleganten Form ab 1897 getragen. Die Paraderabatten richteten sich nach dem üblichen Farbschema der Alten Armee, also weiß, rot, gelb und hellblau (für Regimenter 1, 2, 3 und 4 usw.)

228 Preußen; Tschapka für Mannschaften im Ulanen-Regt. Graf Haeseler (2. Brandenburgisches) Nr. 11, Saarburg, in der um 1910 getragenen Form. Ein typisches, derbes Kammerstück.

229

230

231

229 Preußen; Offiziers-Tschapka aus dem Ulanen-Regt. 11, in Paradeausstattung. Um 1912.

230 Preußen; Tschapka für Mannschaften im Ulanen-Regt. Großherzog Friedrich v. Baden (Rheinisches) Nr. 7, Saarbrücken. Dieses Regiment erhielt 1913 den versilberten Grenadieradler (Gardeadler ohne Stern).

231 Preußen; Tschapka für Wachtmeister der (3.) Garde-Ulanen, Parade, um 1910. Die Wachtmeister der Garde führten eine besondere, von der normalen Unteroffiziersfangschnur abweichende silbern-schwarz gedrehte Fangschnur mit offenen Silberquasten. Gardestern am Adler ohne Email.

232

233

234

232 Preußen; Tschapka für Unteroffiziere der Garde-Ulanen, Parade, um 1910. Mit allgemein vorgeschriebener Fangschnur aus weißer, schwarz durchzogener Wolle.

233 Preußen; Ersatz-Fertigung einer Ulanen-Tschapka, aus Filz, 1915.

234 Preußen; Kriegs-Ausführung einer Garde-Ulanen-Tschapka mit abnehmbarem Metalldeckel und feldgrauen Beschlägen mit Kinnriemen, 1915.

127

27 Preußen; Helm für Offiziere des Regts. der Gardes du Corps (oder Gardekürassiere), M/1842, mit Paradeadler. Vorne am Helmkopf Namensgravur des vormaligen Trägers. Es war Sitte, nach Beendigung der Dienstzeit den Helm als Erinnerungsstück in das Offizierskasino zu geben und seinen Namen darauf gravieren zu lassen.

136

136 Preußen; Mannschaftshelm des Regts. der Gardes du Corps, M/1843, mit Paradeadler. Dazu der nur zur Frühjahrsparade getragene schwarze Kürass des Zarengeschenks von 1814.

105

)5 Nassau; Subaltern-Offizierstschako der Infanterie, M/1863 (nach österreichischem Muster); bis 1866 getragen.

220

220 Hamburg; Tschapka für Dragoner-Offiziere, 1815 - 1835. Zunächst wurde die Hamburger Kavallerie als Ulanen-Eskadronen formiert (1813), ab 1834 erfolgte die Umwandlung in Dragoner-Regimenter, die Tschapkas wurden aber noch bis Ende der 1840er Jahre aufgetragen.

221

Preußen; Tschapka für Mannschaften im 2. Garde-Ulanen-Regt., Berlin, M/1843, so getragen bis 1851. In Paradeausstattung.

222

222 Preußen; Tschapka für Offiziere im Rheinischen Ulanen-Regt. Nr. 7, Saarbrücken, M/1843 (Adler von 1844). Paradeausstattung.

235

236

237

5 Bayern; Offizierstschapka der Ulanen, M/1864. Deckel noch mit Tuchbezug. Der Busch war kein Parade- sondern ein Dienststück.

6 Bayern; Offizierstschapka der Ulanen, M/1873. Deckel nun mit schwarzem Leder (gegen Nässe) bezogen, der Busch jetzt Paradestück, zum Dienst Feldzeichen.

7 Bayern; Parade-Uniform eines Oberleutn. und Adjutanten des 1. Ulanen-Regts. Kaiser Wilhelm, König v. Preußen, Bamberg. Um 1913.

238

238 Bayern; Tschapka eines Offiziers im 1. Ulanen-Regt. Kaiser Wilhelm, König v. Preußen, Bamberg. In Paradeausstattung mit Rabatte, Büffelhaarbusch, Feldzeichen und silbern-blauer Fangschnur. Um 1914.

239

240

241

39 Preußen; Offiziers-Pelzmütze M/1850 aus dem Pommerschen Husaren-Regt. Nr. 5 (Blüchersche Husaren), Stolp. Braunes Otterfell, mit Geierfeder-Paradestutz. Bis 1860 getragen, danach Vaterlandsbandeau eingeführt. Ab 1866 werden neue Pelzmützen ohne die angedeuteten Vorder- und Hinterschirme eingeführt.

40 Hannover; Pelzmütze für Mannschaften im Garde-Husaren-Regiment, 1856 - 1866. Schwarzes Seehundfell mit gelbem Bandeau »PENINSULA-WATERLOO-EL BODON«, gelb-weißer Haarstutz. Roter Kolpak.

41 Preußen; Pelzmütze für Offiziere im Husaren-Regt. v. Schill (1. Schlesisches) Nr. 4, Ohlau. Niedrige Form, wie sie um 1880 - 1890 Mode war. Braunes Otterfell, vergoldetes Bandeau und zitronengelber Kolpak.

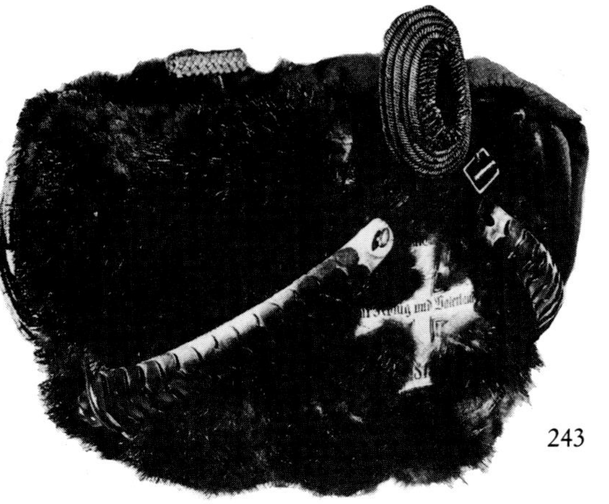

243

242

244

242 Preußen; Pelzmütze für Mannschaften im 1. Leib-Husaren-Regt. Nr. 1, Danzig-Langfuhr. Mit Paradestutz (seit 1903 stehend, vorher hängend). Die beiden Leib-Husaren-Regimenter hatten ein rund gebogenes Vaterlandsbandeau, während es bei den übrigen Regimentern geschwungen geformt war.

243 Preußen; Pelzmütze eines Reserve-Offiziers im Husaren-Regt. Graf Goetzen (2. Schlesisches) Nr. 6, Leobschütz und Ratibor, nach 1897. Reserve-Offiziere legten das Bandeau ab und trugen das (hier vergoldete) Landwehrkreuz. Roter Kolpak.

244 Preußen; Pelzmütze für Unteroffiziere im Leib-Garde-Husaren-Regiment, ab 1903. Mit dem zur Parade getragenen Gala-Behang, zusätzlich Fangschnur.

245

246

247

245 Braunschweig; Pelzmütze für Offiziere des Husaren-Regts. Nr. 17, Dienstanzug. Dieses Regiment hatte besondere Schuppenketten für Offiziere, als Bezug schwarzes Bärenfell und als Emblem unter dem Bandeau »PENINSULA-SICILIEN-WATERLOO-MARS LA TOUR« einen versilberten Totenkopf. Trageweise ab 1873 bzw. 1897.

246 Sachsen; Pelzmütze für Reserve-Offiziere im Husaren-Regt. König Albert Nr. 18, Großenhain. Ab 1897. Die sächsischen Reserveoffiziere führten das Landwehrkreuz unter dem Wappen auf dem Stern. Roter Kolpak.

247 Preußen; Pelzmütze für Mannschaften im Husaren-Regt. König Wilhelm I. (1. Rhein.) Nr. 7, Bonn. Dieses Regt. besaß als einziges einen Namenszug an der Pelzmütze, der 1861 verliehen wurde und nach 1888 noch die »I« erhielt.

249

250

251

252

249 Deutsches Reich; Tropenhelm für Offiziere der Schutztruppe, M/1889/97. Zum Tages- und Gesellschaftsanzug getragen. Vergoldete Beschläge.

250 + 251 Deutsches Reich; Tschako für Mannschaften der Telegraphen- und Train-Bataillone der Schutztruppe. Nachbildung des Ledertschakos in Tropenausführung (Kork mit khakifarbenem Tuchbezug), der Hinterschirm hochklappbar, um die Kopfbewegung nicht zu hindern. Bild 251 zeigt den gleichen Tschako mit angehaktem Nackenschutz.

252 Deutsches Reich; Tropenhelm für das Ostasiatische Expeditionscorps in China, M/1901, zur Sommeruniform getragen (im Winter Helm mit Spitze). Fand auch bei den Schutztruppen in Afrika Verwendung.

253

254

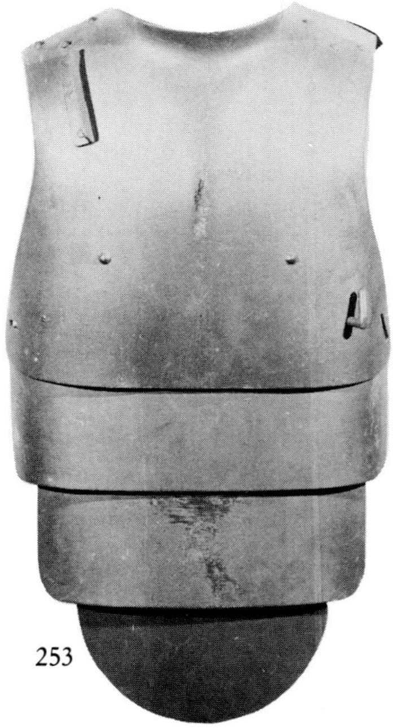

253

255

256

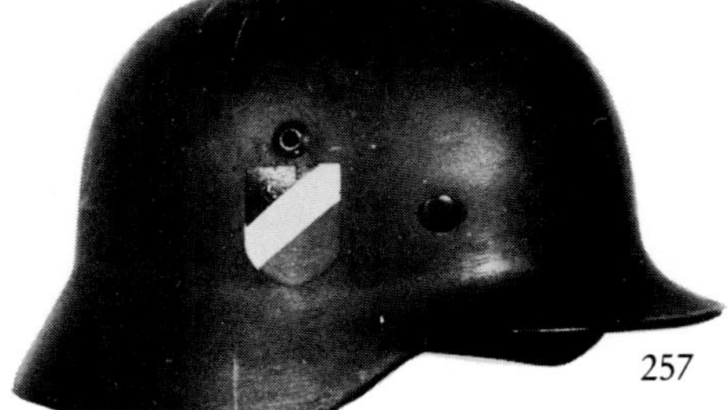

257

53 Deutsches Reich; Stahlhelm M/1916, mit zusätzlicher Stirnplatte zum Schutz gegen Splitterwirkung in vorderster Front, meist in Verbindung mit dem gezeigten »Grabenpanzer« getragen. Eine große Ähnlichkeit mit den Sappenpanzern des Dreißigjährigen Krieges und des 19. Jahrhunderts ist deutlich.

54 Deutsches Reich; Stahlhelm M/1916 mit dem die Truppen ab Ende Februar 1916 nach und nach ausgerüstet wurden. Als Kinnriemen dienten anfänglich die alten Riemen M/91 der Lederhelme.

55 Deutsches Reich; Stahlhelm M/1918 mit Ohrenausschnitt, für Fernsprechtruppen und Artillerie, im Sommer 1918 entwickelt, später als »Kavallerie-Stahlhelm« bezeichnet.

56 Deutsches Reich; Stahlhelm für Fallschirmjäger (»Fallschirmschützen«) M/1938.

57 Deutsches Reich; Stahlhelm M/1935 für die Wehrmacht, etwas leichter und gefälliger in der Form.

Von Uniformstücken des 18. Jahrhunderts und den noch früheren Zeiten haben sich fast keine Originalstücke erhalten. Schädlinge wie Motten oder Mäuse haben abgelegte Textilien zerfressen, wenn sie nicht überhaupt schon nach Gebrauch anderweitig verwertet wurden, sei es, daß sie zu einfacher Landarbeit aufgetragen, umgeschneidert oder als Reißwolle verwendet wurden. Auch die Kleidersammlungen des Ersten und Zweiten Weltkrieges haben Tausende von uniformkundlichen Schätzen aller Zeiten unwiederbringlich untergehen lassen, abgesehen von den unüberschaubaren Verlusten durch Bombenkrieg, Plünderung und Ablieferungszwang durch die Siegermächte. In den Jahren nach 1945 wurde nicht viel Unterschied gemacht zwischen einer Uniform der Befreiungskriege 1812, einem Waffenrock der Alten Armee von 1916 oder einer Feldbluse des Landsers des Zweiten Weltkrieges — Uniform war Uniform, alles, was Uniform war, bedeutete Militarismus in seiner verachtenswertesten Form. So gesehen ist es überhaupt erstaunlich, was heute noch oder wieder an historischen Uniform- und Ausrüstungsstücken vergangener Zeiten aufgefunden, ja aufgespürt wird.

Wirklich zahlreiche Belegstücke finden sich erst ab der deutschen Kaiserzeit, vornehmlich aus dem Zeitraum ab 1890/1900 bis zum Ende des Ersten Weltkrieges. Es wird aber heute unmöglich sein, eine Uniformsammlung der deutschen Kaiserzeit aufzubauen, die wirklich komplett würde.

Für uniformkundliche Betrachtungen der Zeit vor 1870 bieten sich heute im großen und ganzen Bildwerke an. Meist sind dies handkolorierte Uniformbilder in Kupferstich, Stahlstich oder Lithographie. Hier existieren eine ganze Reihe von hervorragenden Werken, von denen nachstehend eine Bildauswahl gezeigt wird.

Die neue Technik der Fotografie gab etwa ab der Mitte des vorigen Jahrhunderts die Möglichkeit, alles Sichtbare für die Nachwelt festzuhalten und zu dokumentieren. Frühe Fotografien von Soldaten, sei es Mannschaftsstand oder Offiziersrang, sind allein schon aus Gründen der damaligen Kosten nur wenig entstanden. Erst ab 1890 wird die Fotografie so preiswert, daß sich jedermann diesen Luxus erlauben kann. Fotografien sind Dokumente, besser als jede Zeichnung, (es sei denn, das Foto wurde wiederum retuschiert, wie oft festzustellen ist, sei es aus Eitelkeit oder sachlichen Erwägungen) und der Uniformkundler wird früher oder später auf diese hervorragende Dokumentation der Uniform nicht mehr verzichten können.

Noch wird der Originalfotografie unter Uniformsammlern relativ wenig Beachtung geschenkt, jedoch ist die Bedeutung des Fotos unumstritten, vor allem, wenn uniformkundliche Streitfragen zur Diskussion stehen. Es ist unmöglich, im Rahmen dieses Buches eine Uniformkunde im Stil eines Paul Pietsch, Richard Knötel oder Louis Braun darzustellen. Hierfür existieren auch deren Werke. Die folgenden Bilder geben aber einen grundsätzlichen Eindruck von den Uniformen der einzelnen Waffengattungen und Dienstgrade.

Zum besseren Verständnis der deutschen Militärgeschichte ist ein Blick in die Geschichte des 19. Jahrhunderts nötig.

1806 endete das alte (1.) Kaiserreich, das Heilige Römische Reich Deutscher Nation. Napoleon I. erweiterte die Reihe der deutschen Königreiche, es bestanden nun Preußen, Bayern, Sachsen, Württemberg (letztere drei ab 1806, Preußen seit 1701); hinzu kam noch das Königreich Westfalen (bestand nur 1809 - 1813) sowie Hannover ab 1814. Hessen-Kassel wurde 1803 Kurfürstentum, 1866 von Preußen annektiert. 1806 entstanden die Großherzogtümer Baden und Hessen-Darmstadt; 1815 Mecklenburg-Schwerin und Mecklenburg-Strelitz sowie Sachsen-Weimar. Das Großherzogtum Oldenburg folgte 1829. Hinzu kamen die 10 Herzogtümer Braunschweig (1813), Holstein (1815), Nassau (1806), Sachsen-Altenburg

(1825 bzw. 1826), Sachsen-Hildburghausen (besteht seit 1683, ab 1826 zu Sachsen-Meiningen), Sachsen-Coburg-Gotha (1826), Sachsen-Meiningen (1826), Anhalt-Dessau, Anhalt-Köthen und Anhalt-Bernburg (alle 1807), Lauenburg (1815). Dazu 10 Fürstentümer: Schwarzburg-Sondershausen, Schwarzburg-Rudolstadt, Hohenzollern-Sigmaringen, Hohenzollern-Hechingen, Waldeck, Pyrmont, Reuß ältere und jüngere Linie, Schaumburg-Lippe und Lippe-Detmold. Außerdem die 4 freien Städte Hamburg, Bremen, Lübeck und Frankfurt. Von diesen größeren und einigen zusätzlichen kleineren Herrschaften bildeten schließlich 1871 25 Bundesstaaten das 2. Deutsche Reich, es waren dies noch 4 Königreiche, 6 Großherzogtümer, 5 Herzogtümer, 7 Fürstentümer und 3 Freie Städte. Hannover, Frankfurt, Lauenburg, Schleswig-Holstein, Nassau, Kurhessen und weitere kleinere Herrschaften wurden von Preußen annektiert. Von manchen der kleineren Territorien haben sich Helme und Uniformen erhalten. Eine uniformmäßige Eigenständigkeit erhält sich bis 1842/43, danach wird in den meisten Staaten die neue preußische Uniformierung übernommen, zuletzt folgen 1867 Sachsen, 1871 Württemberg und Bayern in Teilbereichen 1873, 1886 und 1890. Manche Staaten entledigen sich auch wieder des preußischen Uniformmode-Diktats, zumindest in Teilbereichen, so Hannover ab 1858 oder Nassau ab 1862. Nach dem Kriege von 1866 werden die meisten deutschen Truppenteile zu Kontingentstruppen der Kgl. Preußischen Armee, vor allem die der Großherzogtümer, Herzogtümer, Fürstentümer und der Hansestädte; die Verfassung des Norddeutschen Bundes von 1867 macht den König von Preußen zum »Bundesoberfeldherrn«. die Truppen von Württemberg und Sachsen werden innerhalb der preußischen Armee numeriert. Nur Bayern behält sich seine Eigenständigkeit in der Numerierung seiner Armeekorps und Regimenter bis 1918. Die eigenständige Uniformierung in Sachsen (Tschako) fällt 1867, in Bayern 1873 (Waffenrock) und 1886 (Raupenhelm) und in Württemberg 1892 (zweireihiger Waffenrock).
Im 17. Jahrhundert besteht die Uniform aus einem weiten, mantelähnlichen Rock mit breiten Ärmeln und großen Aufschlägen, auch oft Kasacke (Casaque) genannt.
Schon im beginnenden 18. Jahrhundert wird der Uniformrock knapper im Schnitt, er wird nach wie vor offen, nicht zugeknöpft getragen. Unter diesem Uniformrock trägt der Soldat das Hemd, darüber das Kamisol, ein jackenartiges Kleid sowie Kniehosen mit Kniestrümpfen, zu denen nach 1715 knielange, seitlich geknöpfte Leinengamaschen kommen.
Zur Mitte des 18. Jahrhunderts wird der Uniformrock zusehends enger, im oberen Brustbereich wird er bereits geschlossen getragen. Zunächst wurde den Preußen nachgesagt, die Röcke würden aus Sparsamkeit enger; es handelte sich jedoch zunächst nur um die Ablehnung der französischen, weiten Mode. Erst nach dem Siebenjährigen Kriege (1756 - 1783), als Preußens Staatsfinanzen tatsächlich wegen der Beseitigung der Kriegsschäden darniederlagen, wurden die Uniformschnitte aus Gründen der Materialeinsparung immer knapper. Um 1800 wurde der Uniformrock bis zur Taille geschlossen, die Schöße, die schon seit Jahrzehnten immer mehr nach hinten zu weggestutzt wurden, bekamen nun endgültig das Aussehen von Frackschößen. Diese Schöße reichten um 1800 noch fast bis zu den Kniekehlen; bis zur Einführung des Waffenrocks 1843 waren sie auf die Länge zweier Handbreiten geschrumpft. Vorne war das Kollet mit 2 senkrechten Knopfreihen geschlossen.

Die Husaren hatten von Anfang an ihre typische Bekleidung aus Ungarn mitgebracht, es war dies der Dolman, eine mit Schnüren besetzte kurze Jacke, und der im Sommer über die Schulter gehängte Pelz, ein Dolman, dessen Ränder mit Fellen besetzt waren.
Die Kürassiere trugen schon im 18. Jahrhundert ein Kollet, das demjenigen um 1840 nicht unähnlich war. Jedoch waren die Kollets der Kürassiere nicht mit Knöpfen, sondern mit

Haken und Ösen vorne geschlossen. Diese Form des Verschlusses blieb in allen Zeiten unverändert.

Die Ulanen nannten ihren Rock ursprünglich »Kurtka«, es handelte sich dabei um das alte Gala-Kleid der polnischen Lanzenreiter, einen kurzen, mit Schnüren besetzten Waffenrock. Weitere im Anfang des 19. Jahrhunderts getragene Uniformstücke waren der Spenzer der Kavallerie, eine Stalljacke, die einfacher gefertigt war und der Drillich, ebenfalls zum Stalldienst getragen. Späterhin war der Drillich der allgemeine Exerzier- und Arbeitsanzug des Soldaten.

Der 1842 neu eingeführte Waffenrock ist nunmehr vorne mit einer Knopfreihe geschlossen, hat einen niedrigen Kragen mit abgerundeten Ecken und umlaufende Schöße. Bis in die 1870er Jahre waren die Schöße glockenförmig hängend geschnitten, danach wurden die Schöße glatt und anliegend getragen.

Offiziers-Dienstbekleidung war der 1808 eingeführte Überrock, ein knielanger Waffenrock mit 2 Knopfreihen und Brustklappen. Obwohl mehrmals offiziell abgeschafft, konnte sich der Überrock als bequemstes Kleidungsstück bis zum Ende des Ersten Weltkrieges behaupten.

Gegen schlechtes Wetter erhielten Offiziere und Mannschaften ab 1807 Mäntel, die bis 1888 »graumeliert«, d. h. schwarz waren, dann wurden sie grau.

Offiziere hatten den Paletot (einen Mantel bis zur halben Wade reichend), den Mantel (nahezu knöchellang) und den Umhang ohne Ärmel.

Die Husaren bekamen bei der Einführung des Waffenrocks den Attila, einen waffenrockähnlichen Uniformrock, der weiterhin mit (nunmehr weniger) Schnurreihen besetzt war. Hierzu unterschied man den Parade- und den Interimsattila bei den Offizieren. Ersterer war mit aufwendiger Kettelschnur in Gold oder Silber besetzt, letzterer mit einfacher schwarz-weißer Kantschnur, die 1884 einer silbernen, schwarz durchzogenen Kantschnur (preußischer Farbdurchzug) wich. Pelze besaßen nur diejenigen Husaren-Regimenter, die von ihren fürstlichen Chefs solche geschenkt bekamen. Der Pelzattila wurde nach 1842 auch als »Dolman« bezeichnet.

Die Ulanen trugen ursprünglich das Kollet wie auch andere Truppenteile, mit 2 Knopfreihen vorne. Schon bald wurden zu Paraden die doppelten Brustrabatten aufgeknöpft getragen, das Kollet mit Haken geschlossen. Ab 1853 wurde für die Ulanen die »Ulanka« in der bis zuletzt getragenen Form eingeführt, nunmehr mit 2 v-förmig angesetzten Knopfreihen versehen, auf die zur Parade eine farblich vorgeschriebene Brustrabatte aufgeknöpft wurde.

Die Kürassiere erhielten ab 1842 den »Koller«, einen weißen Rock aus derbem Wollstoff (»Kirsey« genannt), der um den Kragen und vorne herunter mit Kollerborte in den Regimentsfarben besetzt war, als Verschluß dienten weiter Haken und Ösen. Die Kollerborten waren bei Mannschaften aus Wolle, bei Offizieren aus Gold- oder Silberborte, je nach Knopffarbe.

Soweit ein kurzer Überblick über die verschiedenen Uniformarten. Die Angaben beziehen sich auf die preußische Armee, sind jedoch auf die übrigen Staaten weitgehend übertragbar. Einen Unterschied in Parade- und Kampfuniform gab es früher im allgemeinen nicht, nur Friedrich der Große unterschied 1756 aus Kostengründen bei seinem Bataillon Leibgarde die Paradeuniform von der Gefechtsuniform. Noch in den Freiheitskriegen Napoleons ziehen die Heere in Paradeuniform ins Feld. Ab der Mitte des 19. Jahrhunderts wird nun unterschieden, und 1866 werden erstmals Feldachselstücke anstelle von Epauletten im Feld getragen; die Epauletten werden nun zu Elementen der Paradeuniform.

258

258 Preußen; Leutnant im Brandenburgischen Kürassier-Regt. (Kaiser Nikolaus I. von Rußland), Lithographie von C. Mittag, Berlin 1842. (Unmittelbar vor Einführung des neuen Helmes).

263

264

263 Preußen; Prinz Friedrich Karl von Preußen (1828 - 1885) in der Uniform als 2. Chef des 1. Leib-Husaren-Regts. Nr. 1

264 Preußen; Major im Pommerschen Husaren-Regiment (Blüchersche Husaren) Nr. 5, Stolp. Aufnahme von 1863. Dieses Regiment besaß als einziges einen besonderen, mit Silberfransen verzierten Parade-Attila.

265

266

267

65 Preußen; Second-Lieutenant v. Fürstenberg-Stammheim im 7. Landwehr-Husaren-Regiment (Offizier der Kavallerie des 2. Rhein. Landwehr-Regts. Nr. 28, 3. Batl. in Siegburg). In Paradeuniform zu Pferde. Aufnahme von 1866.

66 Preußen; Second-Lieutenant im 9. Landwehr-Husaren-Regt. (Offizier der Kavallerie des 3. Rhein. Landwehr-Regts. Nr. 29). Aufnahme von 1865.

67 Preußen; Rittmeister v. Bredow im 1. Garde-Ulanen-Regt., Potsdam. Aufnahme um 1865.

268

269

268 Preußen; Sec. Lieutenant Stumm im 7. Landwehr-Ulanen-Regt. (Offizier der Kavallerie des 4. Rhein. Landwehr-Regts. Nr. 30, 2. Batl. Saarlouis). Aufnahme von 1866. Der Offizier trägt die »Foul Weather Cap« nach englischem Vorbild. Offiziell war der Tschapka im Dienst mit einem schwarzen Wachstuchüberzug zu tragen, doch der Bequemlichkeit halber wurden Tschapkas ohne Adlerbeschlag aus schwarzem Leder getragen; das Feldzeichen als Lederlasche angedeutet. Außerdem zu beachten die lange Tuchhose mit Lederbesatz, die sog. »Blechhose«.

269 Preußen; Major im Regt. der Gardes du Corps. Paradeanzug. Aufnahme um 1867.

270

271

272

273

0 Preußen; Major im Stab der 2. Artillerie-Brigade, Aufnahme von 1866.

1 Preußen; Oberst eines Linien-Infanterie-Regts., aufgenommen 1866 in Königsberg.

2 Preußen; Degenfähnrich der Garde-Infanterie, Aufnahme um 1865.

3 Braunschweig; Gemeiner des Infanterie-Regts. 92 im Polrock, Aufnahme um 1870.

274

274 Württemberg; Stabsoffizier der Reiter-Regimenter, Aufnahme von 1860.

275

'5 Bayern; Kronprinz Ludwig (der spätere König Ludwig II., geb. 1845, regiert 1864 - 1886) in der Uniform als Oberleutnant der Schützenkompanie im 1. Infanterie-Regt. König. Aufnahme um 1862.

276

277

278

279

276 Bayern; Generalmajor der Kavallerie. Aufnahme um 1873, die Schärpe ist als Offiziersabzeichen anstelle des Ringkragens neu eingeführt.

277 Bayern; Hauptmann des 1. Infanterie-Regts. König, Aufnahme um 1863.

278 Bayern; Oberleutnant im 2. Infanterie-Regt. Kronprinz. Aufnahme um 1864, mit eben neu eingeführtem Helm.

279 Bayern; Einjährig-Freiwilliger im Infanterie-Leib-Regt., Aufnahme um 1875.

259

260

261

262

Bayerische Uniformen:

59 Kollet für Gemeinen im 1. Chevaulegers-Regt. Kronprinz, Nürnberg-Bayreuth, 1835 - 1849.

60 Waffenrock eines Leutnants im 3. Infanterie-Regt. Prinz Carl, Augsburg; 1860 - 1873.

61 Waffenrock eines Korporals im 2. Infanterie-Regt. Kronprinz, München; 1860 - 1873.

62 Waffenrock und Hut (zur Parade) eines Hauptmanns und Flügeladjutanten der Kgl. Adjutantur, 1873 - 1886.

374

374 Bayern; Gruppe von Original-Uniformstücken der Bürgerwehr, Zeit König Maximilian II. Mit Einführung des Waffenrocks bei der Armee erhielt auch die Bürgerwehr diese neue Uniform, gleichzeitig wurde am 28. September 1848 die erste »Pickelhaube« in Bayern für die Bürgerwehr eingeführt (Mitte), die Kavallerie erhält einen dem Kürassierhelm nachgebildeten Bügelhelm aus Leder. Links ein Waffenrock für die Kavallerie mit Bandelier und umgeschnalltem Säbel, rechts ein Waffenrock für Füsiliere mit Seitengewehr M/1830 am Dornschnallenkoppel. Im Vordergrund eine Schabracke für Mannschaften der Kavallerie, dazu Teile des Zaumzeuges sowie die nur 1848 getragene Schärpe der königstreuen Bürgerwehren.

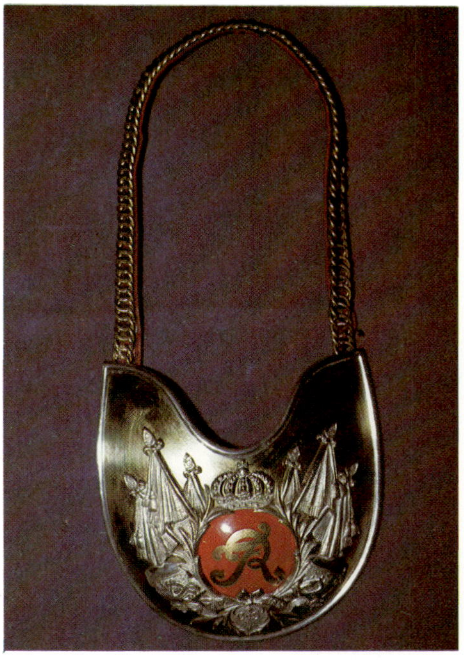

387

388

389

390

Preußische Ringkragen:

87 Offizier des Regts. der Gardes du Corps, ab 1912, zum 200. Geburtstag Friedrich d. Großen.

88 Offizier des Leib-Kürassier-Regts. Großer Kurfürst (Schlesisches) Nr. 1, Breslau, ab 1896.

89 Offizier des Kürassier-Regts. Königin (Pommersches) Nr. 2, Pasewalk, ab 1895, zum 150. Jahrestag der Schlacht von Hohenfriedeberg.

90 Offizier der Stabswache bei Kommandobehörden, ab 1893.

391

391 Bayern; Sammlung von sämtlichen Kartuschkasten-Modellen für Kavallerie; obere Reihe links: Zeit Max I. Joseph (1806 - 1825); oben rechts: Zeit Ludwig I. (1825 - 1848); unten links: Prinzregent Luitpold, ab 1886 bis 1918; Mitte Maximilian II. (1848 - 1864); rechts: Ludwig II. (1864 - 1886).

280

281

282

283

30 Bayern; Schütze im 3. Infanterie-Regt. Prinz Carl, um 1865. Von 1860 - 1873 wurden die Wings auf den Schultern ohne Schulterklappen getragen. Die Schützen hatten wie die Jäger das grüne Schnurgeflecht sowie eine grüne Wollhuppe am Helm (Jägerhelm M/1845).

81 Bayern; Infanterist des 14. Infanterie-Regts. Hartmann in Nürnberg, feldmarschmäßig 1870.

82 Bayern; Leutnant der Artillerie im Paradeanzug um 1863.

83 Bayern; Gefreiter im 4. Artillerie-Regt. König, Augsburg. Paradeanzug. Aufnahme um 1875, mit dem neu eingeführten Waffenrock nach preußischem Muster, Ärmelaufschläge der Fußbatterien.

284

285

286

284 Preußen; General der Kavallerie im Paradeanzug zu Pferde, aufgenommen 2. 5. 1903. Der gestickte Rock war bis 1909 die Galabekleidung der Generale.

285 Preußen; General der Kavallerie mit der Uniform des Kürassier-Regts. Königin (Pommersches) Nr. 2, Pasewalk. Im Waffenrock, mit Ringkragen. Aufnahme um 1900. Generale mit Regimentsuniform tragen die Uniform des Regts., nicht den gestickten Generalsrock. Dazu Epauletten mit starren Kantillen und den entsprechenden Abzeichen des Regts.

286 Preußen; General der Artillerie im Paradeanzug (à la suite des 2. Lothringischen Feldartillerie-Regts. Nr. 34, Metz) und der Kette des Kgl. Preußischen Hohen Orden vom Schwarzen Adler). Aufnahme um 1912.

287

287 Bayern; König Ludwig III. (reg. 1913 - 1918) und Königin Therese. Der König trägt Generalsuniform M/ 1910 (als Interimsrock mit Silberstickerei seit 1901 eingeführt) mit Generalfeldmarschallsabzeichen. Aufnahme um 1914.

288

289

290

291

288 Preußen; Generalarzt z. D. im Parade-Waffenrock. Ärzte trugen keine Schärpe; die Feldbinde erhielten sie mit einem besonderen Schloß erst 1914. Aufnahme um 1910.

289 Bayern; Generalleutnant im Paradeanzug. Der Generalshelm mit versilbertem Beschlag und Federbusch anstelle des Huts wurde 1902 eingeführt, das emaillierte Mittelstück im Helmwappen folgte erst 1913. Aufnahme um 1907.

290 Sachsen; Generalleutnant im Paradeanzug. Die sächsischen Generalsröcke hatten als einzige der deutschen Armee besonders verzierte Uniformknöpfe. Auch der Federbusch war abweichend aus nur weißen Reiherfedern gefertigt. Aufnahme um 1902.

291 Preußen; Generalleutnant z. D. im Interims-Waffenrock. Dieser erhielt 1900 die goldene Alt-Larisch Stickerei an Kragen und Aufschlägen. Ab 1909 ersetzte dieser Rock den gestickten Rock auch zur Parade.

292

293

2 Preußen; Hoboist des 1. Garde-Regiments zu Fuß, Paradeanzug mit Grenadiermütze. Aufnahme um 1900. Die Spielleute der Garde trugen seit jeher Schwalbennester mit kurzen Silberfransen in Knopffarbe.

3 Preußen; Major im Königin Augusta Garde-Grenadier-Regiment Nr. 4, Berlin. Waffenrock mit Goldstickerei. Deutlich zu sehen der besondere Degen dieses Regiments, den die Offiziere zum 25-jährigen Chef-Jubiläum der Kaiserin und Königin Augusta 1886 erhielten. Aufnahme um 1900.

294

295

294 Preußen; Vizefeldwebel des Eisenbahn-Regiments Nr. 1, Berlin. Vorschriftsmäßiger Anzug mit Degen M/1889 am schwarzen Lacklederkoppel. Gut erkennbar die gemusterten Garde-Unteroffizierstressen. Aufnahme um 1905.

295 Preußen; Prinz Oskar v. Preußen (5. Sohn Kaiser Wilhelm II., 1888 - 1958) als Hauptmann mit der Uniform des Grenadier-Regts. König Wilhelm I. (2. Westpreußisches) Nr. 7, Liegnitz. Die meisten der 12 Grenadierregimenter besaßen eine besondere Stickerei am Kragen und Aufschlägen des Waffenrocks. Der Prinz trägt den Gesellschaftsanzug.

296

297

96 Bayern; Leutnant im 2. Infanterie-Regt. Kronprinz, Paradeanzug. Die bayerische Infanterie besaß keine Paradebüsche zum Helm. Aufnahme von 1910.

97 Bayern; Einjährig-Freiwilliger im 13. Infanterie-Regt. Kaiser Franz Joseph v. Österreich, König v. Ungarn, Ingolstadt. Im Ordonnanzanzug, Aufnahme von 1912. Einjährig-Freiwillige mußten nur 1 statt 2 Jahre Dienstzeit leisten, hatten aber dafür für alle Kosten selbst aufzukommen.

298

299

300

301

298 Hessen-Darmstadt; Einjährig-Freiwilliger im Leibgarde-Infanterie-Regt. (1. Großherzogl. Hess.) Nr. 115, Darmstadt. Im Ordonnanzanzug, um 1910.

299 Hessen-Darmstadt; Oberleutnant im Infanterie-Regt. Kaiser Wilhelm (2. Großherzogl. Hess.) Nr. 116, Gießen. Gesellschaftsanzug; gut zu sehen der immer offen getragene unterste Knopf der Ärmelpatte. Aufnahme um 1900.

300 Preußen; Oberst und Kommandeur des 6. Thüringischen Infanterie-Regts. Nr. 95, Gotha-Hildburghausen-Coburg. Im Überrock; dieser war das beliebteste Kleidungsstück der Offiziere zum täglichen Dienst. Aufnahme um 1910.

301 Preußen; Leutnant der Reserve im 2. Unterelsäßischen Infanterie-Regt. Nr. 137, Hagenau. Paradeanzug. Die stattliche Erscheinung hat sicher auch den seinerzeitigen Betrachter zum Schmunzeln angeregt. Aufnahme von 1908.

303

302

304

302 Bayern; Infanterist vom 15. Infanterie-Regt. König Friedrich August III. von Sachsen, Neuburg/D. Feldmarschmäßig, mit gerolltem Mantel über dem Tornister und Gewehr 98. Aufnahme um 1905.

303 Preußen; Vizefeldwebel vom Infanterie-Regt. Landgraf Friedrich I. von Hessen-Kassel (1. Kurhess.) Nr. 81, Frankfurt a. M. Im Ausgehanzug, mit Schießschnur der 2. Klasse. Aufnahme um 1912.

304 Sachsen; Grenadier vom 1. (Leib-)Grenadier-Regt. Nr. 100, Dresden, im Paradeanzug (Winter) zum Kirchgang, deshalb ohne Gewehr, Patronentaschen und Bajonett. Helm mit unvorschriftsmäßigem Büffelhaarbusch anstelle des Roßhaarbusches. Aufnahme um 1912.

305

306

305 Preußen; Leutnant im Garde-Jäger-Bataillon, Potsdam. Im Gesellschaftsanzug, Aufnahme um 1905.

306 Preußen; Feldwebel der Landwehr-Inspektion Berlin im Ausgehanzug. Aufnahme um 1900.

307

308

309

07 Preußen; Schütze des Garde-Schützen-Bataillons, Berlin-Lichterfelde. In der Litewka, am rechten Ärmel Königspreis (Kompanie-Schießauszeichnung). Aufnahme um 1900.

08 Bayern; Jäger des 1. Jäger-Bataillons König, Freising. Aufnahme um 1910.

09 Sachsen; Gefreiter des Schützen-(Füsilier-)Regts. Prinz Georg Nr. 108, Dresden, Ausgehanzug mit Mantel. Dieses Regiment trug einen Tschako wie die sächsischen Jäger, außerdem ein besonderes Koppelschloß mit dem gekrönten Namenszug »G«. Aufnahme um 1912.

311

310

312

310 Preußen; Garde du Corps im Gala-Wach-Anzug, Aufnahme um 1910. Gut erkennbar der mattweiß versilberte Parade-Aufsatzadler des Helmes.

311 Preußen; Garde-Kürassier im Paradeanzug, mit Küraß. Aufnahme um 1914.

312 Preußen; Kürassier des Kürassier-Regts. Kaiser Nikolaus I. von Rußland (Brandenburgisches) Nr. 6, Brandenburg a. H. Dieses Regiment besaß ebenfalls Helme aus Tombak, wie die Garde. Gut zu sehen die Trageweise des Bandeliers. Aufnahme um 1912.

313

314

.3 Preußen; Oberleutnant im Regiment der Gardes du Corps im Gala-Wach-Anzug. Mit der bis 1900 getragenen Supraweste aus rotem Tuch mit silbergesticktem Stern und Randbesatz von Kollerborte; sowie dem normalen zum Dienst getragenen Bandelier. Nach 1900 wurde die Supraweste aus rotem Samt mit reicher Silber-Randstickerei getragen, ebenso das Bandelier. Vgl. hierzu Farbabbildung auf dem Schutzumschlag.

.4 Preußen; Leutnant im Kürassier-Regiment v. Driesen (Westfäl.) Nr. 4, Münster. Im Paradeanzug mit Kürass. Aufnahme um 1910. Deutlich erkennbar die lang herausragenden Epauletten (die hierfür besonders lange Schieber hatten, damit der Kürass nicht auf den Epaulettenmonden auflag).

315

316

315 Preußen; Oberstleutnant à la suite des Regts. der Gardes du Corps, im Paradeanzug zu Pferde. Dahinter ein General der Kavallerie. Aufnahme um 1910.

316 Sachsen; Kesselpauker des Karabinier-Regiments (2. Schweres Regt.), in Borna bei Leipzig. Mit Parade-Paukenfahnen. Daneben der Obermusikmeister des Regiments, zu Pferde. Aufnahme von 1912.

317

318

319

320

7 Bayern; Oberleutnant im 1. Kürassier-Regt. Prinz Carl v. Bayern. Im Paradeanzug, Aufnahme um 1870.

8 Bayern; Gefreiter im 1. Schweren Reiter-Regt. Prinz Karl von Bayern, München. In Paradeanzug, mit Schießschnur der 1. Klasse. 1879 wurden die bayerischen Kürassiere in Schwere Reiter umgewandelt, sie bekamen hierdurch letztlich das Aussehen von Dragonern preußischen Musters. Aufnahme von 1912.

9 Sachsen; Oberleutnant im Garde-Reiter-Regt. (1. Schweres Regt.), Dresden. Im Überrock mit Schirmmütze. Außerdem sichtbar das Flieger-Beobachterabzeichen. Aufnahme von 1917, der Offizier ist gerade 19 Jahre alt.

0 Sachsen; Reiter des Karabinier-Regts., Ordonnanzanzug. 1879 erhielten die sächsischen Schweren Reiter den Kürassierhelm preußischen Musters. Auf der Aufnahme, entstanden um 1910, gut sichtbar der Kürassierhelm M/1889/94.

321

322

321 Preußen; Leutnant im Leib-Garde-Husaren-Regiment Potsdam. Im Paradeanzug, Aufnahme von 1899. Gut sichtbar der besondere Gala-Behang an der Pelzmütze sowie der Schoitasch der Gala-Hose.

322 Preußen; Unteroffizier im 2. Leib-Husaren-Regt. Nr. 2, Danzig-Langfuhr. Ordonnanzanzug, Aufnahme um 1905.

392

393

394

395

396

397

Preußische Offiziers-Karutschkästen um 1914:

2 Garde-Kavallerie

3 Regt. der Gardes du Corps, zum Gala-Wachanzug (seit 1900)

4 Leib-Kürassier-Regt. (seit 1902)

395 Königin-Kürassier-Regt.

396 Grenadier-Regt. zu Pferde Nr. 3 (seit 1897)

397 Regt. Königs-Jäger zu Pferde Nr. 1 (seit 1905)

398

399

400

401

402

403

398 Preußen; Feldgrauer Infanterie-Helm 1915. Ersatzfertigung aus mit Tuch überzogenem Kork, Messingbeschläge, Kinnriemen an vereinfachter Aufhängung, Längenverstellung wie bei dem Sturmriemen der Schirmmütze.

399 Deutsches Reich; Feldgrauer Tschako der Seebataillone in Ersatzfertigung, 1915. In einem Stück gepreßter Filz, mit Kinnriemen an Knopf M/91.

400 Baden; 1 Paar Epauletten eines Generalobersten mit dem Range als Generalfeldmarschall (als Chef des 1. Badischen Leib-Grenadier-Regts. Nr. 109, Karlsruhe), nach 1911.

401 Baden; 1 Paar Epauletten eines Generalobersten mit dem Range als Generalfeldmarschall (als Chef des Kgl. Preuß. Ulanen-Regts. Großherzog Friedrich v. Baden (Rheinisches) Nr. 7, Saarbrücken), vor 1911.

402 Bayern; 1 Paar Epauletten eines Generalobersten mit dem Range als Generalfeldmarschall, vor 1904.

403 Sachsen; 1 Paar Epauletten eines Generals der Infanterie als Chef des Schützen-(Füsilier-)Regts. Prinz Georg Nr. 108, Dresden. Um 1888.

404

405

406

407

04 - 07 Faksimile aus der »Geschichte der Schloß-Garde-Kompanie Sr. Majestät des Kaisers und Königs 1829 - 1909«, von Leo v. Pfannenberg, Berlin 1909.

Die Tafeln zeigen anschaulich die Pracht, die für Haustruppen entfaltet wurde; zeigen anschaulich den Werdegang der Uniformentwicklung und besonders die Vorliebe der preußischen Könige des 19. Jahrhunderts für die Uniformen der glorreichen Epoche unter Friedrich dem Großen. Besonders Kaiser Wilhelm II. hielt zahlreiche Hoffeste in historischen Kostümen der friderizianischen Zeit ab.

408

409

410

411

408 - 411 Weitere Uniformtafeln aus der »Geschichte der Schloß-Garde-Kompanie«. Diese Bildserie gehört zu den schönsten Illustrationen, die in preußischen Regimentsgeschichten zu finden sind.

323

324

23 Sachsen; Oberst Carl Eduard Herzog v. Sachsen-Coburg-Gotha, à la suite des 1. Husaren-Regts. König Albert Nr. 18, Großenhain. Aufnahme von etwa 1908, zeigt den Herzog im Paradeanzug zu Pferde. Das Regiment besaß keine Pelze, jedoch war für Regimentschefs und Offiziere à la suite ein Pelz vorgeschrieben, dessen Besatz dann nicht von grauem Krimmer wie allgemein üblich, sondern aus Zobelfell bestand.

24 Preußen; Offizier des 2. Westfäl. Husaren-Regts. Nr. 11, Krefeld. Im kleinen Dienstanzug mit angezogenem Mantel, dieser vorschriftswidrig ohne Schulterstücke. Aufnahme um 1900.

325

325 Preußen; verabschiedeter Major aus dem 2. Garde-Ulanen-Regiment im Überrock (kleiner Dienstanzug). An den Passanten unter den Achselstücken ist das Fischgrätmuster der Tresse für verabschiedete Offiziere erkennbar. Aufnahme um 1905.

326

327

326 Preußen; Ulane vom Ulanen-Regt. Hennigs v. Treffenfeld (Altmärkisches) Nr. 16, Salzwedel-Gardelegen. Paradeanzug, Aufnahme um 1914. Erkennbar die besonders qualitätvoll geschneiderte Eigentums-Ulanka.

327 Preußen; Unteroffizier im 1. Garde-Ulanen-Regt., Potsdam. Paradeanzug, mit der zwar unvorschriftsmäßigen, aber typischen Trageweise der gerollten Fangschnur auf der Rabatte. Am rechten Ärmel 3 Auszeichnungswinkel für das Lanzenfechten. Aufnahme um 1905.

328

329

328 Bayern; Leutnant im 2. Ulanen-Regt. König, Ansbach, im Paradeanzug. Aufnahme um 1905.

329 Bayern; Kesselpauker des 1. Ulanen-Regts. Kaiser Wilhelm, König v. Preußen, Bamberg. Mit Interimspaukenfahnen. Aufnahme von 1909.

330

331

332

30 Preußen; Dragoner aus dem 1. Garde-Dragoner-Regt. Königin Viktoria von Großbritannien und Irland, Berlin. Paradeanzug mit umgehängtem Mantel, am rechten Ärmel Abzeichen für Flaggenwinker.

31 Württemberg; Dragoner aus dem Dragoner-Reg. Königin Olga (1. Württ.) Nr. 25, Ludwigsburg. Paradeanzug, Aufnahme um 1910.

32 Hessen-Darmstadt; Gefreiter vom Leib-Dragoner-Regt. (2. Großherzogl. Hess.) Nr. 24, Darmstadt. Im Ausgehanzug, Aufnahme um 1912.

333

334

333 Baden; Leutnant im 1. Badischen Leib-Dragoner-Regt. Nr. 20, Karlsruhe. Im Dienstanzug, jedoch mit unvorschriftsmäßig angelegter Schärpe anstelle der Feldbinde. Aufnahme um 1900.

334 Württemberg; Oberst Ernst Prinz von Sachsen-Weimar, à la suite des Dragoner-Regts. Königin Olga (1. Württ.) Nr. 25. Aufnahme von 1906.

335

336

35 Bayern; Oberleutnant im 1. Chevaulegers-Regt. Kaiser Nikolaus von Rußland, Nürnberg. Im Paradeanzug, Aufnahme von 1907. Zu beachten der eigenwillige Offiziersdegen, der nicht dem normalen M/1890 entspricht, sondern dem preußischen Infanterie-Offiziersdegen M/1889 nachgebildet ist.

36 Bayern; Unteroffizier im 2. Chevaulegers-Regt. Taxis. Paradeanzug, Aufnahme um 1910.

337

338

337 Bayern; Rittmeister im 3. Chevaulegers-Regt. Herzog Karl Theodor, Dieuze. Im Überrock mit Schirmmütze. Aufnahme um 1905.

338 Bayern; Rittmeister und Regts.Adjutant im 4. Chevaulegers-Regt. König, Augsburg. Dienstanzug, mit der über die Schulter getragenen Adjutantenschärpe (einen Kartuschkasten mit Bandelier trugen Adjutanten nicht). Aufnahme um 1891.

339

340

341

342

339 Preußen; Einjährig-Freiwilliger im Jäger zu Pferde-Regt. Nr. 4, Graudenz. Ausgehanzug, Aufnahme von 1913. Die Jäger zu Pferde waren der jüngste Truppenteil des deutschen Heeres. Es bestanden 13 Regimenter, die von 1905 bis 1913 errichtet wurden.

340 Preußen; Oberst des Jäger zu Pferde-Regts. Nr. 13, Saarlouis. Mit Ordensschmuck aus dem Ersten Weltkrieg (dabei Orden Pour le Mérite), Aufnahme von 1938.

341 Preußen; Jäger zu Pferde aus dem Regt. Nr. 2, Langensalza. Im Ausgehanzug, Aufnahme um 1910.

342 Sachsen; Unteroffizier der Kgl. Sächs. Eskadron Jäger zu Pferde, 1900. Vor der Errichtung der Regimenter »Jäger zu Pferde« bestanden in den Königreichen einzelne Eskadrons »Jäger zu Pferde«, die hauptsächlich Ordonnanz- und Meldereiterdienste versahen.

343

344

343 Preußen; Oberleutnant im 1. Garde-Feldartillerie-Regt., Berlin. Paradeanzug, Aufnahme um 1900. Der Offizier trägt die 1897 sämtlichen Offizieren des Heeres verliehene »Zentenarmedaille« zur Erinnerung an den 100. Geburtstag Kaiser Wilhelm I. (geb. 22. 3. 1797).

344 Baden; Major im Feldartillerie-Regt. Großherzog (1. Badisches) Nr. 14, Karlsruhe. Im Paradeanzug, Aufnahme von 1912.

345

346

347

345 Bayern; Kanonier im 3. Feldartillerie-Regt. Königin Mutter, München. Aufnahme um 1895, Helm mit Paradebusch, am Koppel das Seitengewehr M/1892. Bandelier unvorschriftsmäßig weggelassen.

346 Bayern; Leutnant im 5. Feldartillerie-Regt. König Alfons XIII., Landau. Im Dienstanzug, jedoch mit Schärpe. Aufnahme um 1910.

347 Bayern; Kanonier im 1. Feldartillerie-Regt. Prinzregent Luitpold, Paradeanzug. Aufnahme um 1910. Jedoch trägt der Artillerist deutlich einen (kammermäßigen) Waffenrock, der um 1880/90 gefertigt sein wird.

348

349

350

348 Bayern; Trainsoldat aus dem 1. Train-Bataillon, München, im Paradeanzug. Aufnahme um 1905. Zu beachten der schwere, ordonnanzmäßige Kavalleriesäbel M/1826.

349 Bayern; Trainsoldat des 3. Train-Bataillons in Fürth. Paradeanzug, typische Eigentumsuniform, dazu leichter Eigentumssäbel. Aufnahme um 1910.

350 Bayern; Militärbeamter (Oberingenieur der Inspektion der Technischen Institute) um 1900. Dienstanzug.

351

352

51 Preußen; Oberst und Kommandeur des Eisenbahnregts. Nr. 2, Berlin, im Paradewaffenrock. Aufnahme um 1900.

52 Bayern; Leutnant im 1. Pionier-Bataillon München, Dienstanzug. Aufnahme im Herbst 1914.

353

354

355

356

353 Deutsches Reich; Einjährig-Freiwilliger der Marine-Infanterie, I. Seebataillon Kiel. Ordonnanzanzug (Winter) mit Mantel. Aufnahme von 1904.

354 Deutsches Reich; Kaiserliche Marine. Kapitän z. See in Großer Uniform. Aufnahme von 1911.

355 Deutsches Reich; Marine-Infanterie. Seesoldat des III. Seebataillons in Tsingtau, im Sommerrock mit Tropenhelm. Aufnahme von 1908.

356 Deutsches Reich; Kaiserliche Schutztruppen für Südwestafrika. Unteroffizier im Ausgehanzug. Deutlich sichtbar die Südwestafrikamedaille für Kämpfer mit 2 Gefechtsspangen, darunter die Dienstauszeichnungsschnalle. Aufnahme um 1910.

357

358

359

360

57 Preußen; Kadett der Hauptkadettenanstalt Berlin-Lichterfelde. Aufnahme um 1890.

58 Bayern; Kadett des Kadettenhauses in München. Aufnahme um 1870.

59 Preußen; Kadett als Leibpage, Aufnahme um 1910. Für das Pagenkorps wurden nur adelige Kadetten der Hauptkadettenanstalt ausgewählt, sie versahen Servierdienste bei den Gala-Essen am Hofe, dienten beim Kapitelfest des Hohen Ordens vom Schwarzen Adler und ähnlichen feierlichen Anlässen.

60 Bayern; Pagen im Hofgala-Anzug, um 1905. Wichtigste Auftritte der bayerischen Kadetten waren die Teilnahme am Georgi-Ritterfest und an der Fronleichnamsprozession in München.

361

362

361 Preußen; Oberleutnant des Garde-Grenadier-Regts. Nr. 5, Spandau, in der Felduniform M/1910. Zu beachten die vorschriftsmäßige Trageweise des Helmes mit Kinnriemen an Knopf 91. (Zur Parade wurden statt des Kinnriemens Schuppenketten mit dem Knopf M/91 verdeckender Rosette getragen).

362 Bayern; Stab des Bayer. Inf.Regts. Nr. 30 im April 1917. Zu beachten verschiedene Uniformdetails: 3 Offiziere tragen bereits die 1916 eingeführte bayer. Abzeichenborte am Kragen; unterschiedliche Beinbekleidung wie lange Hose, Schaftstiefel oder Halbschuhe mit Wickelgamaschen. Der Offizier rechts mit der Uniform des Inf.-Leib-Regts. trägt das vorschriftsmäßige Seitengewehr mit Offiziersportépée.

412

12 Bayern; Leibgarde der Hartschiere in der bis 1852 getragenen Uniform, die weitgehend der seit Jahrhunderten getragenen Uniform entsprach. Besonders augenfällig der Rock, eine »Cassaque« nach spanischem Muster, die zur Gala-Uniform getragen wurde. Zum Dienst trugen die Hartschiere bereits seit Anfang des 19. Jahrhunderts ein Kollet nach Muster der Armee.
Kolorierte Lithographie von Gustav Kraus, um 1840.

413

414

415

413 - 415 Bayern; Hartschiere im Großgalaanzug mit Supraweste, Helm mit Löwenaufsatz und Cuise. Originaluniform von 1913. Vorder-, Seiten- und Rückenansicht.

416

417

418

417 Bayern; Hartschier im Gala-Anzug (Karabiner weggelassen). Aufnahme datiert »Weihnachten 1911«.

416+418 Bayern; Original-Uniform eines Hartschiers im Gala-Anzug, vor 1888, noch mit dem Perkussions-Karabiner M/1839. Vorder- und Rückenansicht.

422

423

424

425

Helme aus dem Besitz Kaiser Wilhelm II.:

422 Offz.Helm der Kgl. Preußischen Gardes du Corps mit Paradeadler. Der »Lieblingshelm« des Kaisers.

423 Offz.Helm des Leib-Kürassier-Regts. Großer Kurfürst (Schlesisches) Nr. 1. Mit dem 1902 neu eingeführten »friderizianischen« Adler. Dieses Regiment war eines der 4 Leib-Regimenter des Kaisers.

424 Offiziershelm des Kürassier-Regts. Königin (Pommersches) Nr. 2, Pasewalk. Wilhelm II. war zwar nicht Chef dieses Regiments, es war aber eines seiner Lieblingsregimenter, und er stellte seinen Sohn, Kronprinz Wilhelm, à la suite dieses Regiments.

425 Offiziershelm des 1. Garde-Feldartillerie-Regts., Berlin.

364

363

365

63 Preußen, Gemeiner des Regts. der Gardes du Corps im feldgrauen Waffenrock M/1910, Helm mit feldgrauem Stoffüberzug. Aufnahme vom 23. 9. 1914.

64 Preußen; Leutnant der Reserve im Mansfelder Feldartillerie-Regt. Nr. 75, Halle a./S. In Uniform M/1910, mit friedensmäßigem Paletot. Aufnahme vom Oktober 1914, mit gerade verliehenem Eisernen Kreuz 2. Kl.

65 Preußen; Schütze des Garde-Schützen-Bataillons Berlin-Lichterfelde. Feldmarschmäßige Ausrüstung vom August 1914, mit Rotkreuz-Armbinde. Rückseitig ist vermerkt: »Das Bild war als ich fort bin, da wog ich noch 210 Pfund und heute (1918) noch 169. Das war eine feine Entfettungscur«.

366

367

368

366 Württemberg; Kriegshochzeit März 1915. Pionier-Uffz. mit feldgrauem Helm.

367 Preußen; Militärgeistlicher in der waffenrockähnlich gestalteten Soutane, Aufnahme um 1915.

368 Preußen; Zwei Brüder mit Uniform der Landwehr. Die schwarzen Wachstuchmützen mit dem Landwehrkreuz erinnerten sehr an die Kopfbedeckungen der Freiheitskriege. Aufnahme um 1915.

»Landwehren« oder »Bürgerwehren« sind nicht in den Zeiten des Aufbruchs gegen die Unterdrückung Europas durch Napoleon I. entstanden, auch wenn eine oberflächliche Geschichtsbetrachtung dies vermuten lassen könnte. Hatte doch Blüchers Ausspruch »Landwehren Sie man immer drauff, ich höre vihll guths davon« in den deutschen Landen, besonders in Preußen, zur Bildung von Freiwilligenkorps und Landwehren aufgerufen.
»Landaufgebote« der Bauern wurden bereits im 17. und 18. Jahrhundert regional zur eigenen Landesverteidigung, nicht zum Angriff, gebildet. Gegen Ende des 18. Jahrhunderts waren bereits in den meisten größeren Städten Deutschlands eigene Bürgergarden formiert worden, denen es natürlich an einer umfassenden Organisation, Ausbildung, Uniformierung und Ausrüstung mit Waffen mangelte.
Als Beispiel soll die in Bayern ab 1807 mit einer ausführlichen Verordnung errichtete »Nationalgarde« dienen, die in drei Klassen errichtet wurde. Entsprechend ihrer Kriegstauglichkeit und Wehrfähigkeit wurden der Nationalgarde 1. Klasse diejenigen Männer zugeteilt, die die Reserve-Bataillone der regulären Armee bilden sollten, der Dienst konnte somit auch außerhalb der Landesgrenzen erfolgen. Die Nationalgarde 2. Klasse wurde nur in Zeiten echter Gefahr innerhalb des Landes eingesetzt, während die Nationalgarde 3. Klasse die bisher in einzelnen Städten schon bestehende Bürgerwehr nun landesweit als einheitlichen Truppenverband zusammenfaßte. Gleichzeitig wurden genaue Uniformbestimmungen erlassen, denen aber auf Grund der herrschenden Not in den Jahren nach Napoleons Herrschaft nur teilweise nachgekommen werden konnte. Erst die lange Friedenszeit von 1815 an gab die Möglichkeit, sich vorschriftsmäßig zu uniformieren. Die Uniformen der bayerischen Bürgerwehr bis 1848 sind in verschiedenen Werken bereits ausführlich dokumentiert. 1848 erfährt die Uniformierung der Bürgerwehr eine umfassende Änderung, besonders auffallend ist die Einführung der preußischen »Pickelhaube«, die ansonsten in Militärkreisen entschiedene Ablehnung erfuhr. Nachfolgende Bilder geben einen Eindruck der neu eingeführten Bürgermilitär-Uniformierung, die einen Vorgeschmack auf die beim aktiven Militär erst gut 20, teilweise 30 Jahre später erfolgende Uniformierung nach preußischem Muster gab.
Zu bemerken ist, daß es in Preußen keine regionalen Bürgerwehren gab; das Erfassungssystem war in Preußen seit 1808 so umfassend, daß alleine auf Grund der im Land bestehenden Militär-Landwehrstruktur Bürgerwehren überflüssig waren. Auch in Sachsen bestand kein eigenes Bürgermilitär, während sich in Württemberg regionale Bürgergarden bildeten. In den kleineren Ländern, aber auch in den Freien Städten, bestanden vielfach Bürgerwehren.

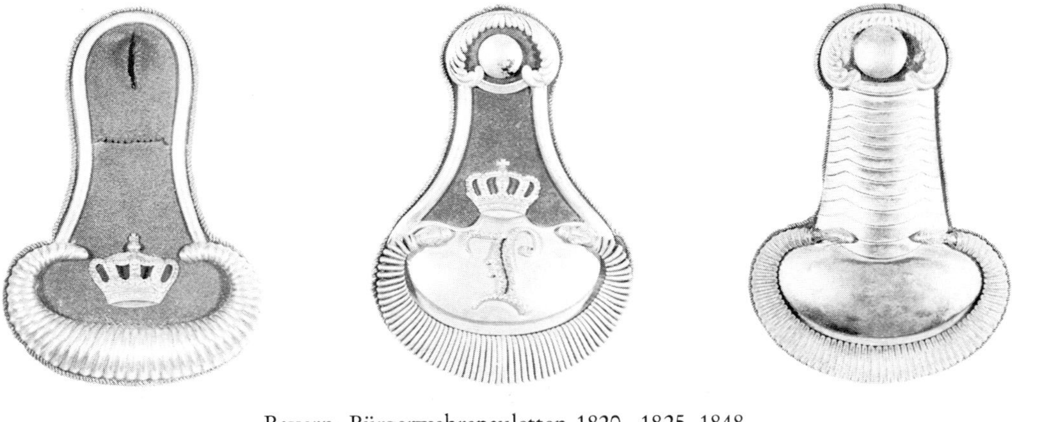

Bayern; Bürgerwehrepauletten 1820 - 1825 -1848.

369 Bayern; Tschako M/1826 für Füsilier-Offiziere der Bürgerwehr, mit silbernem Behang und grüner Huppe (Abzeichen des 4. Bataillons).

370 Bayern; Helm M/1848 für Mannschaften der Füsilierbataillone der Bürgerwehr. Die Beschläge aus Zinn gefertigt. Trageweise bis 1863, dann schwarzer Haarbusch.

371

372

373

371 Bayern; Tschako M/1826 für Kanoniere der Bürgerwehr-Artillerie. Mit rotem Behang und Federstoß.

372 Bayern; Tschako M/1826 für Füsiliere der Bürgerwehr.

373 Bayern; Helm M/1848 der Bürgerwehr der Stadt Wasserburg/Inn, mit Dienstspitze. Bürgerwehren der Städte konnten ihr kommunales Wappen als Emblem führen.

375

376

377

378

375 Bayern; Oberleutnant der Grenadiere der Münchener Bürgerwehr im Waffenrock mit umgehängtem Paletot. Rechts die Bärenfellmütze, die nur die Grenadier-Bataillone tragen durften. Aufnahme um 1860.

376 Bayern; Feldwebel der Bürgerwehr-Füsiliere oder Schützen, Aufnahme um 1865. Zu beachten das en-bandoulière getragene Bürgerwehr-Artillerie-Faschinenmesser M/1840, mit Löwenkopf.

377 Bayern; Oberleutnant und Arzt bei der Bürgerwehr, mit dem Erinnerungskreuz für Zivilärzte von 1866.

378 Bayern; Hauptmann der Bürgerwehr Altötting, aufgenommen um 1865. Stolz zeigten sich auch im Alter fortgeschrittene Herren in Uniform.

Die heutige Zeit ist nüchtern und rein zweckbedingt orientiert. Ein nur zur Zierde getragenes Teil an der Uniform mag heute sicher nicht mehr überzeugen — oder doch? Es ist sicher eine unbestreitbare Tatsache, daß sich der Mensch schmückt, mit allen möglichen, manchmal auch unmöglichen Dingen.
Viele Elemente der Ausrüstung vergangener Zeiten haben eine Wurzel, die in der Tradition der Waffengattung, des Truppenteils oder auch einer Episode innerhalb eines Gefechtes zu suchen ist.
Ein besonders interessantes Ausrüstungsstück ist die Säbeltasche der Husaren, im 18. Jahrhundert bereits ein völlig nutzloses, reines Zierstück, auf das jedoch bis zum Ersten Weltkrieg kein Husar verzichten mochte. Den Ursprung der Säbeltasche finden wir im Pfeilköcher der Husaren, der ältesten organisierten Reitertruppe, deren erste Verbände bereits im 15. Jahrhundert vorkommen. Die Pfeilköcher wurden schon damals reich bestickt und galten somit als Standes- oder Würdezeichen. Im Laufe der Jahre änderte sich die Bewaffnung, der Pfeilköcher wurde nur noch Dekorationsstück, an Riemen um den Leib getragen. Aus dieser Herkunft erklärt sich auch die bis zuletzt geschwungene Form der Säbeltasche. Spätere Verwendungen oder besser gesagt, hineingedeutete Verwendungen als »Meldetasche« sind nur der Versuch einer Erklärung dieses Ausrüstungsstückes, entbehren jedoch jeder Grundlage. Säbeltaschen sind auf Grund ihrer dekorativen Verzierung schöne Sammelstücke.
Bei den berittenen Truppen wurde bis zum Ende der Monarchie zum Dienst, aber auch zur Parade, der Kartuschkasten en bandoulière getragen. Auch dieses über die linke Schulter getragene Patronenkästchen wird laienhaft als »Meldetasche« bezeichnet. Richtig handelt es sich jedoch um die Patronentasche, die in früheren Zeiten von allen Truppenteilen geführt wurde, später aufgrund veränderter Waffen- und Munitionstechnik bei Offizieren zum reinen Parade- und Dekorationsstück wurde, während die Mannschaften noch bis zum Weltkrieg die Patronen in Schulter- oder Koppeltaschen mit sich führten. Naturgemäß boten sich die Deckel dieser Patronentaschen für Verzierungen und Darstellung von Landeswappen usw. an, so daß auch Kartuschkästen ein reizvolles Sammelgebiet bilden.
Epauletten und Achselstücke sind zwar strenggenommen keine Ausrüstungsstücke, sondern Gradabzeichen, aber auf Grund ihrer mannigfachen Verschiedenheit doch nicht einfach bei der Uniformkunde abzuhaken. Vor allem boten die Epauletten und Schulterstücke (bei den Mannschaften Achselklappen genannt) die Möglichkeit, Kennzeichen der einzelnen Regimenter übersichtlich darzustellen. Der Ursprung der Achselklappen liegt darin, das Abrutschen der Schulterriemen des Säbelkoppels oder der Patronentasche zu verhindern. Die Epauletten gehen auf den Schulterschutz der Rüstungen des Mittelalters zurück, waren also ursprünglich ein Hiebschutz. Noch im 18. Jahrhundert und in der ersten Hälfte des 19. Jahrhunderts waren die Epauletten oft mit Ketten oder Metallschuppen als Hiebschutz verstärkt (in Bayern immerhin bis 1873, bei den hessischen Dragonern bis 1918); während die Epauletten ab 1800 im allgemeinen nur noch als Rangabzeichen, ohne Schutzfunktion, dienten. Der Ringkragen ist ein Relikt der Halsberge (Halsschutz) der Ritterrüstung und diente zuletzt als Offiziersabzeichen. Letztes Beispiel ist der Ringkragen (»Hausse-Col«) der bayerischen Armee, der erst 1873 als Offiziersabzeichen durch die Schärpe abgelöst wurde. Die Ringkragen waren oft kunsthandwerklich hervorragend gefertigte, handgetriebene und emaillierte Schmuckstücke. In den letzten Jahren des vorigen Jahrhunderts wurden die Ringkragen wieder neu eingeführt, sie dienten nun als Dienstabzeichen für Fahnenträger, Stabswachen und Stabsordonnanzen oder Feldgendarmen; aber auch als Auszeichnung für verdiente Regimenter zu entsprechenden historischen Jubiläen,

wie z. B. beim preußischen Grenadier-Regiment Nr. 5 für den Tambour oder für die preußischen Regimenter Garde du Corps, Leibkürassiere und Königin-Kürassiere.
Besonders augenfällig war der Brustpanzer der schweren Reiterei, der Kürassiere, ein Relikt der Ritterzeit gewissermaßen. Obwohl die Kürasse in Preußen für den Feldgebrauch 1888 abgeschafft worden waren, wurden sie doch zu Paraden noch bis 1914 getragen. Dem Regiment der Gardes du Corps schenkte Kaiser Wilhelm II. 1897 sogar eine neue Garnitur der schwarzen Kürasse, da die Garnituren des Zarengeschenks von 1814 nicht nur mit der Zeit ziemlich abgetragen waren, sondern auch auf Grund der plumpen Form nicht mehr mit dem Zeitgeschmack in Einklang standen. Andere deutsche Staaten hatten den Kürass längst abgeschafft, so Sachsen bereits 1825 und Bayern 1873. Hierbei ist zu bemerken, daß die französischen Kürassiere noch 1914 mit (feldgrau überzogenem) Kürass ins Gefecht ritten.
Viele weitere Details der Ausrüstung sind zu erwähnen wie die diversen Koppelzeuge, Patronentaschen, Bandeliere und Säbelgehänge, wie auch auf den Originalfotos gut zu erkennen. Feldbinden und Schärpen richten sich nach den Landesfarben, die Koppel- und Feldbindenschlösser zeigen Namenszüge der Regenten oder Wappen. Verschiedene Ärmelschilder lassen Fahnenträger, Flaggenwinker, Fahnenschmiede oder Abkommandierungen erkennen, auch Ärmelstreifen tauchen auf, wie das Gibraltarband der hannoverschen Regimenter. Achselschnüre und Ärmelschilder für Kaiser- und Königspreise im Schießen schmücken den Soldaten. Jedes Detail der Ausrüstung hat seinen besonderen Schmuck, seien es die Schnallen und Fröschel der Offizierssäbelgehänge, die Trommelhaken der Spielleute oder die Wappenauflagen der Signalhörner.
Besondere Attraktivität erhält die Kavallerie durch Paradeüberlegdecken, Schabracken und Schabrunken sowie muschelbesetzte oder anderweitig verzierte Zaumzeuge. Auch die Stabsoffiziere der Fußtruppen waren beritten und führten verzierte Paradeüberlegdecken, meist mit Namenszug ihres Landesherrn oder bunten Ordenssternen geziert.
Viele weitere Besonderheiten prägen das Bild der Alten Armee. Sogar in den Zeiten der Reichswehr (1919 - 1935) oder der Wehrmacht des Dritten Reiches gab es noch eine ganze Reihe uniformkundlicher Besonderheiten und Ausnahmen, von denen in der heutigen Zeit nichts übriggeblieben ist. Vielleicht wird auch in der heutigen Bundeswehr wieder verstärkt der Tradition gedacht werden, ein gewisser Anfang ist durch die Verleihung von Fahnen oder auch das Führen von alten Abzeichen, wie dem ehemaligen preußischen Gardestern bei den Feldjägern, schon gemacht.
Besonders wichtig wurde das 1816 in Preußen eingeführte Farbschema weiß-rot-gelb-hellblau, mit dem anfänglich die Säbelquasten und Faustriemen der Kompanien bzw. Schwadronen gekennzeichnet wurden, später auch die Schulterklappen der Regimenter und ganze Armeekorps. Mit der fortschreitenden Heeresvermehrung wurde als fünfte Farbe grün hinzugenommen. Diese Farbfolge behielt bis in die jüngste Vergangenheit Gültigkeit, und gewisse Parallelen sind noch heute bei den gebräuchlichen Waffenfarben der Truppenteile vorhanden.

Württemberg; Fahnenträger-Ringkragen M / 1898.

379

380

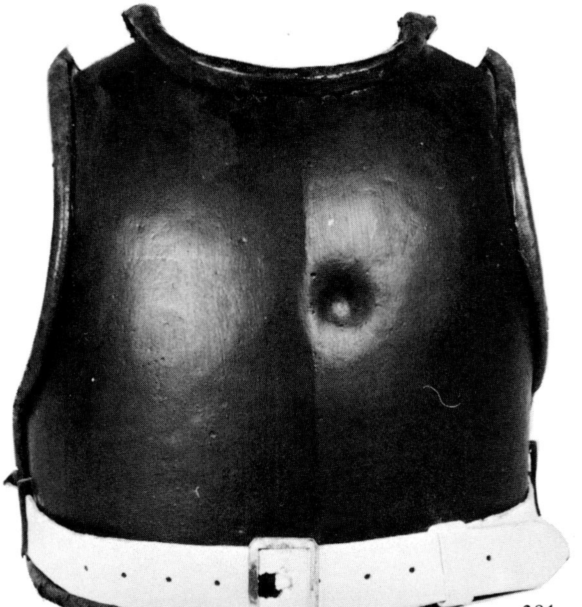

381

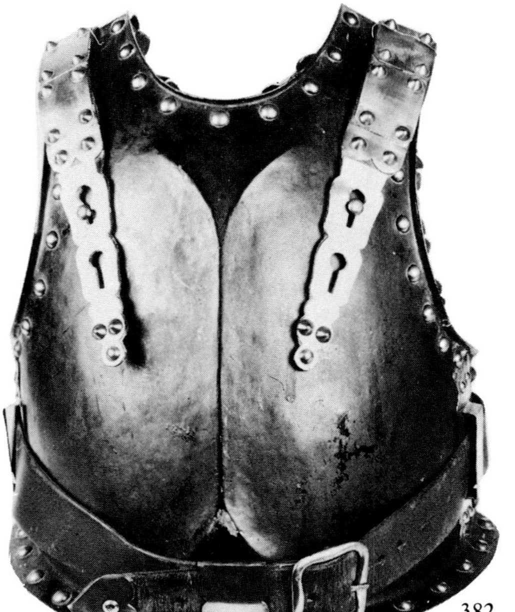

382

379 Preußen; Offizierskürass zur Zeit des »Soldatenkönigs« Friedrich Wilhelm I. (reg. 1713 - 1740). Mit originaler Kreuzberiemung, die Schließen mit Messingplatten belegt. Geschwärztes Eisen, Ränder mit Messing belegt.

380 Preußen; Offizierskürass zur Zeit König Friedrich d. Großen (1740 - 1786).

381 Preußen; Mannschaftskürass aus der Zeit 1740 - 1786, mit originaler Kreuzberiemung (geweißtes lohgares Leder).

382 Deutsches Reich; Kürass für Offiziere der Fränkischen Kreisregimenter, ca. 1750. Mit originaler Kreuzberiemung.

383

384

385

386

383 Preußen; Schwarzer Kürass des Regts. der Gardes du Corps, 1814 vom russischen Zaren geschenkt und nur zu Paraden getragen, sonst gelber Kürass. Die Schuppenketten waren geschwärzt, die Randkordel von roter Wolle.

384 Preußen; Schwarzer Kürass für Offiziere des Regts. der Gardes du Corps, mit dem 1912 verliehenen Brustschild. 1897 schenkte Kaiser Wilhelm II. dem Regiment neue, eleganter geformte schwarze Kürasse anläßlich des 100. Geburtstags seines Großvaters, Kaiser Wilhelm I.

385 Preußen; Kürass für Mannschaften des Kürassier-Regts. Königin (Pommersches) Nr. 2, Pasewalk. Mit dem 1895 verliehenen Brustschild (aufgeschraubter Ringkragen). Das Leib-Kürassier-Regt. Großer Kurfürst (Schlesisches) Nr. 1 trug ebenfalls die Ringkragenauflage auf dem Kürass.

386 Preußen; Offizierskürass der Linien-Regimenter, vernickelt mit goldenen Rändern. Elegante Form, nach 1900.

In den Haus- und Leibtruppen der einzelnen Dynastien finden sich die Ursprünge der stehenden Heere, zumindest gehen die meisten Garde- und Elite-Regimenter auf solche früh formierten Truppenkörper zurück.

Der älteste nachweisbare Truppenteil in der deutschen Armee ist die Kgl. Bayerische Leibgarde der Hartschiere, die bereits 1580 urkundlich erwähnt wird, in ihrem Stamm wohl noch vor 1550 zurückzuverfolgen ist. Bis 1744 geht diese Truppe mit dem Landesherrn ins Feld, danach versieht sie den Wachdienst in der Residenz zu München. Bereits 1580 wird die Uniform der Hartschiere »schwarz wollen mit Samt verbrämt . . . mit langen Ärmeln und Schößen versehen« beschrieben, es kann davon ausgegangen werden, daß die bis 1852 geführte altertümliche Uniform mit Casaque und Hut noch weitgehend der Uniformierung des 16. Jahrhunderts entspricht. 1852 erhalten die Hartschiere ihre neue Uniform mit silberbordiertem Waffenrock und neusilbernem Helm mit weißem Haarbusch, zur Groß-Gala mit stehendem Löwen. 1919, nach dem Zusammenbruch der alten Monarchien wird auch diese älteste deutsche Garde aufgelöst.

Leider haben sich gerade über diese älteste Garde so gut wie keine schriftlichen Zeugnisse oder Uniformvorschriften erhalten (nicht einmal über die Neu-Uniformierung von 1852), da die entsprechenden Akten der Altpapierverwertung (de facto Sparsamkeit) im 19. Jahrhundert zum Opfer fielen.

Hier mag noch die unverkennbare Verwandtschaft der bayerischen Hartschiere mit der österreichischen Arcieren-Leibgarde Erwähnung finden: beide Begriffe haben ihren Wortstamm in dem mittelalterlichen Wort »arciarius« = Bogenschütze (vom lat. »arcus« = Bogen). Bogenschützen stellten bereits im Mittelalter die Leibwachen fürstlicher Personen. In Frankreich und England waren dies die »archers«, in Italien »acieri«. Auch in der Uniformierung zeigen bayerische Hartschiere und österreichische Arcieren große Gemeinsamkeiten, so waren die Uniformen bis 1850 stilistisch gleich, und die bayerische Truppe orientierte sich ab 1852 nach den in Österreich eingeführten Helmen und Uniformen.

Im Königreich Preußen errichtete König Friedrich II. 1740 eine Leibgarde zu Pferd unter dem Name »Garde du Corps«, eine Truppe, die zum Lieblingsregiment des letzten deutschen Kaisers und Königs von Preußen, Wilhelm II. (regiert 1888 - 1918) wurde. Die Uniformierung der Garde du Corps zur Gala blieb mit roter Supraweste und gesticktem Gardestern mit kurzer Unterbrechung bis zum Ende der Monarchie erhalten. Zusätzlich zur Garde du Corps errichtete König Friedrich Wilhelm IV. 1829 eine Garde-Unteroffiziers-Kompanie, die ab 1861 Schloß-Garde-Kompanie genannt wird. Ihr oblag die Bewachung der königlichen Schlösser und Gärten; sie erhielt eine besonders prächtige und traditionsgebundene Uniform, die auf den folgenden Seiten dokumentiert wird. 1866 wird nach der Annektierung Kurhessens die dortige Leibgarde einverleibt (ab 1867 auf den Aussterbeetat gesetzt, d. h. es werden keine Ergänzungen mehr vorgenommen). Neuer berittener Haustruppenteil wird die preußische Leib-Gendarmerie, 1820 begründet und 1889 nach russischem Muster in zwei Züge unterteilt (1. Zug Leibgarde S. M. des Kaisers und Königs; 2. Zug Leibgarde I. M. der Kaiserin und Königin). Auch hier wird die Uniformierung zur Gala nach friderizianischem Muster eingeführt, der Vorliebe des Kaisers Wilhelm II. für seinen Vorfahren entsprechend.

Die Kgl. Württembergische Schloßgarde-Kompanie kann nicht so geradewegs auf eine alte Gründung zurückblicken, zu sehr waren die Territorien des »Schwäbischen Kreises« zersplittert, und erst 1806, mit der Errichtung des Königreichs Württemberg, ergibt sich in dem jungen Königreich ein erstaunlicher soldatischer Zusammenhalt. 1809 wird die Leibgarde zu Pferde errichtet — sie trägt einen pittoresken eisernen Bügelhelm mit mächtiger

Raupe — aber bereits 1816 wieder in ein reguläres Regiment umgewandelt. Der Stiftungstag der württembergischen Schloß-Garde-Kompanie ist der 9. Juli 1872, es ist also die jüngste Garde im deutschen Heer; Stamm der Kompanie sind Angehörige der aufgelösten Feldjäger-Eskadron, einer vorherigen, polizeiähnlichen Truppe.

Das Königreich Sachsen besitzt keine so ausgeprägte Gardetruppe wie die übrigen Königreiche, hier versehen das 1. (Leib-)Grenadier-Regiment Nr. 100 und das Garde-Reiter-Regiment die bei offiziellen Anlässen nötigen Garde- und Wachdienste. Errichtet wurde das Leib-Grenadierregiment schon 1670 als Garde-Einheit, 1806 nannte es sich bei der Errichtung des Königreichs Sachsen dann »Regiment König«, dann 1813 »Provisorisches Garde-Regiment«, 1867 folgt die jetzige Benennung.

Die Uniformierung des Leib-Grenadier-Regiments entspricht im großen und ganzen derjenigen der Garde-Infanterie in Preußen und Deutschland allgemein, besondere Parade-Uniformen oder Helme gibt es nicht. Das Garde-Reiter-Regiment hingegen erhält zu seiner normalen, den Kürassieren allgemein entsprechenden Uniformierung im Jahre 1907 den silbernen, sprungbereiten Löwen auf dem Helm, der zu Paraden anstelle der Helmspitze getragen wird. Seinen Ursprung findet das Garde-Reiter-Regiment in der »Teutschen Leibgarde zu Roß« von 1680, 1806 folgt die Benennung »König-Kürassiere«, 1822 bzw. 1876 dann der jetzige Name.

In den kleineren Staaten bestanden folgende Gardetruppen:

Das bis 1866 bestehende Königreich Hannover besaß keine nur als Garde- oder Haustruppe aufgestellte Einheit, hier versahen das Garde-Regiment (Garde-Infanterie) und die Garde-Kavallerie, besonders das imponierend uniformierte Regiment der Gardes du Corps die anfälligen Gardedienste.

Im Großherzogtum Hessen-Darmstadt bestand seit 1623 die Leibgarde zu Pferd, später Garde-Unteroffiziers-Kompanie genannt, seit 1849 unberitten. Uniformierung im großen und ganzen der deutschen Garde-Infanterie entsprechend, mit Lederhelm mit versilberten Beschlägen.

Das Großherzogtum Mecklenburg-Schwerin besaß ab 1782 eine Leibgarde zu Pferde, die jedoch 1806 aufgelöst wurde. Im Jahre 1810 werden die Angehörigen der ehem. Leibgarde in die 3. Kompanie des Grenadier-Garde-Bataillons übernommen. Nach mehreren Umwandlungen tritt Mecklenburg-Schwerin 1849 dem III. preußischen Armeekorps bei. Seit 1867 versieht das I. Bataillon des Grenadier-Regts. Nr. 89 die Garde-Dienste und trägt hierzu zur normalen Uniform eine Bärenfell-Mütze nach napoleonischem Muster.

Sachsen; Offiziers-Kartuschkasten der Gardereiter, ab 1879.

419

420

421

419 Preußen; Die Schloß-Garde-Kompanie im Weißen Saal des Berliner Schlosses, Neujahrstag 1913. Ganz links Hauptmann Pfannenberg in der Uniform des Kommandeurs.

420 Bayern; Sous-Brigadier (dem Leutnant vergleichbar) der Kgl. Bayerischen Leibgarde der Hartschiere im Gala-Anzug mit Mantel. Aufnahme von 1905.

421 Bayern; Sous-Brigadier der Hartschiere im Dienstanzug, Aufnahme von 1905.

Über vier Jahre währte bereits der Erste Weltkrieg, als ab 3. November 1918 die Matrosen in Kiel meuterten und rasch darauf die Revolution in allen größeren deutschen Städten ausbricht. Als erster dankt der König von Bayern, Ludwig III. am 7. November 1918 ab. In Preußen verkündet Reichskanzler Max von Baden eigenmächtig die Abdankung des Kaisers und Königs Wilhelm II., Ebert wird Reichskanzler und Scheidemann ruft im Reichstag die Republik aus. In den Morgenstunden des 10. November 1918 verläßt Kaiser Wilhelm II. mit der Bahn sein Hauptquartier in Spa; den Weg über die Grenze nach Holland legt er zuletzt aus Sicherheitsgründen im Automobil zurück, um dann im holländischen Bahnhof Eijsden den nachkommenden Hofzug zu erwarten. Die holländische Regierung ist sehr überrascht, als ersten Exilort kann man schließlich das Schloß Amerongen des Grafen Bentinck anbieten, Dort lebt Wilhelm II. mit seiner Gattin, Kaiserin Auguste Viktoria, die nachgereist war, über ein Jahr als Gast des Grafen. 1920 erwirbt Wilhelm II. Haus Doorn in der Provinz Utrecht, am 15. Mai 1920 zieht er in das renovierte kleine Schloß. Kaiserin Auguste Viktoria stirbt in Doorn am 11. April 1921, der Kaiser heiratet kurz darauf Hermine von Schönaich-Carolath, eine geborene Prinzessin Reuß. Wilhelm II. stirbt in Doorn am 4. Juni 1941, er wurde über 81 Jahre alt (geb. am 27. 1. 1859).

Durch ein Abkommen mit dem Staat Preußen wurde es Wilhelm II. ermöglicht, eine große Zahl von Möbeln und Kunstschätzen aus seinen Schlössern in Preußen nach Doorn zu holen. Obwohl er abgedankt hatte, fühlte er sich weiter als Kaiser und König und trug auch im Exil zu entsprechenden Anlässen stets Uniform. Hierfür ließ er sich, seiner im Alter veränderten Figur Rechnung tragend, eine große Zahl von Uniformen schneidern, die in gewohnter Qualität nach der Vorschrift zur »Künftigen Friedens-Uniform« von 1915 gefertigt wurden.

Wilhelm II. war Chef und Inhaber zahlreicher in- und ausländischer Regimenter, außerdem preußischer und bayerischer Generalfeldmarschall, auch ausländische Feldmarschallsränge wurden ihm verliehen, siehe dazu das Faksimile aus der Dienstaltersrangliste von 1914.

Als Oberster Kriegsherr war Wilhelm II. auch berechtigt, jede andere deutsche Uniform anzulegen, er tat dies mit Uniformen von Regimentern, denen er sich aus verschiedenen Gründen besonders verbunden fühlte, so trug er Uniformen des Kaiser Alexander Garde-Grenadier-Regts. Nr. 1; des Kaisers Franz Garde-Grenadier-Regts. Nr. 2 oder des 1. Garde-Dragoner-Regts., dessen Chef seine Großmutter, Königin Victoria von Großbritannien, war. In Haus Doorn hat sich nicht nur die Einrichtung des Schlosses weitgehend erhalten, auch der Bestand an Uniformen und Ausrüstungsstücken des Kaisers ist in großen Teilen erhalten geblieben und wird bestens bewahrt und gepflegt. Schloß Doorn ist heute im Besitz des holländischen Staates und kann als Museum der »Stichting Huis Doorn« in den Sommermonaten besichtigt werden. Zur Zeit sind große Teile der kaiserlichen Helme, Uniformen, Waffen und Orden in Sonderausstellungen zu sehen. Aus dem reichen Bestand wird auf den folgenden Seiten eine Auswahl gezeigt.

Chef der Armee

Seine Majestät der Kaiser und König

Wilhelm.

Seiner Majestät des Kaisers und Königs

Regimenter 2c.

Kgl. Preuß. 1. Garde-R. z. F., Chef 15. 6. 88; Gren.-R. König Friedrich Wilhelm I. (2. Ostpreuß.) Nr. 3, Chef 9. 9. 01; Großherzogl. Mecklenb. Füs. R. Nr. 90 Kaiser Wilhelm, Chef 26. 8. 11; 2. Bad. Gren.-R. Kaiser Wilhelm I. Nr. 110, Chef 13. 9. 93; Inf.-R. Kaiser Wilhelm (2. Großherzogl. Hess.) Nr. 116, Chef 12. 9. 91; Königs-Inf.-R. Nr. 145, Chef 4. 9. 93. R. der Gardes du Corps, Chef 15. 6. 88; Leib-Garde-Hus.-R., Chef 19. 6. 88; Königs-Ulan.-R. (1. Hannov.) Nr. 13, Chef 13. 9. 89; R. Königs-Jäg. z. Pf. Nr. 1, Chef 8. 8. 05; 1. Garde-Feldart.-R., Chef 1. 9. 88.

Leib-Regtr.: **Leib**-Gren.-R. König Friedrich Wilhelm III. (1. Brandenb.) Nr. 8. **Leib**-Kür.-R. Großer Kurfürst (Schles.) Nr. 1. 1. **Leib**-Hus.-R. Nr. 1. 2. **Leib**-Hus.-R. Königin Victoria v. Preußen Nr. 2.

Kgl. Bayer. 6. Inf.-R. Kaiser Wilhelm, König v. Preußen. Inh. 25. 1. 96; 1. Ulan.-R. Kaiser Wilhelm II., König v. Preußen. Inh. 19. 6. 88.

Kgl. Sächs. 2. Gren.-R. Nr. 101. „Kaiser Wilhelm, König v. Preußen", Chef 9. 4. 88. 3. Ulan.-R. Nr. 21 „Kaiser Wilhelm, König von Preußen", Chef 25. 10. 05.

Kgl. Württ. Inf.-R. Kaiser Wilhelm, König v. Preußen (2. Württ.) Nr. 120, Chef 22. 6. 88. Drag.-R. Königin Olga (1. Württ.) Nr. 25, Chef 7. 9. 09.

Feldmarschall des Kais. u. Kgl. Öster. u. Ungar. Heeres 4. 5. 00. Kais. u. Kgl. Öster. Inf.-R. Wilhelm I., Deutscher Kaiser u. König von Preußen Nr. 34. Oberst-Inh. 16. 6. 88; Hus.-R. Wilhelm II., Deutscher Kaiser u. König v. Preußen Nr. 7. Oberst-Inh. 18. 9. 85.

Kais. Russ. Leib-Garde St. Petersburger R. König Friedrich Wilhelm III., Chef 18. 6. 88; 85. Inf. Wyborg Sr. Kais. u. Kgl. Maj. Kaiser v. Deutschland, König v. Preußen Wilhelm II. R., Chef 18. 5. 84; Hus.-R. Narwa Nr. 13, Chef 12. 9. 01. (Leibgarde-Hus.-R. Grodno. 7. 11. 10.) Admiral d. Kais. Russischen Flotte. 7. 8. 97.

Feldmarschall d. Kgl. Großbrit. Heeres 27. 1. 01. Kgl. Großbrit. 1. (Royal) Dragoons-R., Chef 5. 5. 94. Admiral of the fleet der Kgl. Großbrit. Marine. 2. 8. 89.

Admiral der Kgl. Schwed. Marine. 30. 8. 88.

Admiral der Kgl. Norweg. Marine. 1890.

Admiral der Kgl. Dänisch. Marine. 2. 4. 03.

Ehren-Generalkapitän der Kgl. Spanisch. Armee. 22. 12. 04. Kgl. Spanisch. Drag.-R. Numancia Nr. 11., Ehren-Oberst 22. 12. 04.

Ehren-Admiral d. Kgl. Griechisch. Marine. 12. 4. 05.

War der Soldatenstand im 18. Jahrhundert auch noch wenig geachtet und als lästiger, oft existenzbedrohender Druck empfunden, fand sich doch in den Befreiungskriegen die Volksseele eins mit dem Bestreben des Herrschers, vom Diktat eines Napoleon loszukommen, und es formierten sich aus neuer, fast impulsiv entstandener, nationaler Begeisterung zahlreiche Freiwilligenkorps. Natürlich war auch diese nationale Begeisterung, die uns heute nur in Form schriftlicher Dokumente überliefert ist, von der Obrigkeit gesteuert; die einfache Bäuerin oder die alleinstehende Witwe in der Stadt hatte für solche Dinge nur wenig oder gar kein Verständnis, wenn der Ernährer ins Gefecht ging oder fiel. So stehen die enthusiastischen Berichte der Heerführer und der Dichter sicher im krassen Gegensatz zur Realität, hatte die Begeisterung doch oft schon bei der einfachsten Verwundung ihr Ende, denn eine medizinische, geschweige denn medikamentöse Versorgung von Verwundeten gab es so gut wie nicht. Feldärzte waren eine absolute Ausnahme. Dennoch kann man annehmen, daß zumindest schon in dieser Zeit eine gewisse Begeisterung für den Soldatenstand aufkam, die in der langen nachfolgenden Friedenszeit des Biedermeiers weiter vertieft wurde, gab es doch keine schwerwiegenden kriegerischen Auseinandersetzungen mehr. Die Aufstände von 1848, die regionalen Kriege von 1864 und 1866 forderten keine allzu großen Opfer. Auch der Krieg von 1870/71, von großem nationalen Stolz getragen und in der Errichtung des deutschen 2. Kaiserreichs mündend, konnte nur positive Gefühle im breiten Volke wecken. So ging man zum Ende des vorigen Jahrhunderts schon stolz zu den Soldaten, ob Mann oder Offizier. Eine Fülle von Erinnerungsstücken wird zum Dokument dieser Militär-Dienstpflicht. Für die Mannschaften werden Reservistenbilder in Lithographie und Öldruck geschaffen, oft mit eingeklebtem Foto des Mannes versehen, die Bilder werden je nach künstlerischem Vermögen handgerahmt mit reichgeschnitzten Rahmen oder industriell von »der Stange« geliefert. Hinzu kommen Reservisten-Bierkrüge aus Porzellan und Steingut, Reservisten-Biergläser, Kannen, Schnapsflaschen, Teller, Platten, Schüsseln, Eierbecher, Nachttöpfe und viele weitere Gebrauchsgegenstände des täglichen Lebens, die mit bunten Darstellungen aus dem Soldatenleben, dem Namen und den Daten der Dienstzeit des Soldaten versehen werden. Militärische Gebrauchsgegenstände wie Epauletten, Säbeltaschen oder Artilleriegeschosse werden zu Reservisten-Erinnerungsstücken umgearbeitet. Unübersehbar ist die Zahl von Andenken an die Dienstzeit aus Knochen, geschnitzten Stöcken, Lampen, Plaketten oder Bierzipfeln. Begüterte Wehrpflichtige können sich aufwendig gestaltete Fotoalben leisten. Auf dem Lande, in der Provinz gibt es Heiligenbilder und Votivtafeln mit militärischen Motiven, vor allem, wenn ein Soldat in Ausübung seines Dienstes zu Tode oder schwerer Verwundung und Krankheit kommt. Im Weltkrieg überstürzt sich die Industrie in der Produktion von billigen Bilderrahmen aus Holz oder Metall in Form des Eisernen Kreuzes, um vor allem Fotos gefallener Soldaten präsentieren zu können.

Abschiedsgeschenke der Offiziere, vor allem des Adelsstandes, unterscheiden sich natürlich grundsätzlich von den Reservistenstücken des gemeinen Mannes. Im Vordergrund stehen hier Plastiken aus Bronze oder Silber, meist Uniformfiguren der glorreichen Regimenter des 18. Jahrhunderts oder der Freiheitskriege darstellend, darüberhinaus natürlich auch Figuren, die die jeweiligen Landesherren darstellen. Silberne Helme als Trinkgefäße, in Originalgröße oder verkleinert, werden beliebte Objekte vor allem der Garde-Regimenter. Schreibtischplaketten, Ölgemälde, silberne Brieföffner, Trinkbecher, Zigarrenabschneider und Tafelgerät sind mehr oder minder üblich.

Das Medium Fotografie gibt dem Offiziersstand die Möglichkeit, zum Dienstjubiläum oder Abschied eines verdienten Kommandeurs oder Angehörigen des Offizierskorps ein Ab-

426

427

428

Helme aus dem Besitz Kaiser Wilhelm II.:

6 Offiziers-Tschapka des Königs-Ulanen-Regts. (1. Hannoversches) Nr. 13, Hannover. Mit dem kaum bekannten speziellen Reiherfeder-Paradebusch, der nur Regimentschefs gestattet war.

7 Offiziers-Tschako der Garde-Maschinengewehr-Abteilung. Nr. 1, Potsdam. Ebenfalls ein Truppenteil, dessen Chef der Kaiser nicht war.

8 Offiziershelm des 1. Garde-Regiments zu Fuß, mit »Semper Talis«-Bandeau. Dieses Regiment wurde auch als »Vornehmstes Regiment der Christenheit« betitelt. Der König von Preußen war seit alters her Chef dieses Regiments, sämtliche preußische Prinzen wurden im Alter von 10 Jahren als Leutnante in diesem Regiment eingestellt.

429

430

431

432

429 Waffenrock M/1915 des 1. Garde-Regiments zu Fuß (sog. »Künftige Friedensuniform«), dazu das Lederkoppel mit dem besonderen Feldbindenschloß, das nur der Kaiser trug, und die Schirmmütze. Der Kaiser hatte einen von Geburt an verkürzten linken Arm, so daß »seine« Uniformen sofort zu erkennen sind.

430 Litewka M/1915 des Garde-Schützen-Bataillons, dazu die Schirmmütze. Die aufgeschlagenen, mit grünem Samt gefütterten Brustklappen sind eine Besonderheit, die sich der Kaiser leistete.

431 Waffenrock M/1915 aus dem Regt. der Gardes du Corps, dazu die Schirmmütze. Der Kaiser war Protektor des Kgl. Preußischen Johanniter-Ordens und trägt an jeder Uniform das Stoffkreuz des Ordens.

432 Attila M/1915 aus dem 1. Leib-Husaren-Regt. Nr. 1, mit Schirmmütze.

433

434

435

436

437

438

33 1 Paar Schulterstücke Kaiser Wilhelm II., Ausführung ab 1915, zur Uniform des 1. Garde-Dragoner-Regiments Königin Viktoria von Großbritannien und Irland, Berlin. Der Kaiser trägt neben den Feldmarschallstäben immer den Namenszug seines Großvaters, Kaiser Wilhelm I., dessen Flügeladjutant er war, außerdem den vom Regiment geführten Namenszug. Nach der Vorschrift sollten niemals 2 Kronen gleichzeitig auf den Schulterstücken getragen werden, es gibt aber sogar bei des Kaisers Schulterstücken Abweichungen, wie die Abbildungen zeigen.

34 1 Paar Schulterstücke zur Uniform des Kaiser Alexander Garde-Grenadier-Regts. Nr. 1, Berlin, ab 1915.

35 1 Paar Schulterstücke zur Uniform des Kürassier-Regts. Königin (Pommersches) Nr. 2, Pasewalk. Ab 1915.

36 1 Paar Schulterstücke zur Uniform des Kgl. Sächsischen 2. Grenadier-Regts. Nr. 101, Kaiser Wilhelm, König v. Preußen, Dresden. Ab 1915.

37 1 Paar Schulterstücke zur Uniform des 1. Garde-Feldartillerie-Regts., Berlin, Fahrende Abteilung. Ab 1915.

38 1 Paar Schulterstücke zur Uniform als Admiral der Kaiserlichen Marine. Mit emaillierten Admiralsstäben. Ab 1915.

439

439 Ein Blick in einen der Uniformschränke des Kaisers in Haus Doorn.

schiedsalbum zu schenken, in dem sämtliche Angehörige des Offizierskorps im Bild vertreten sind. Die Deckel dieser Alben sind je nach Regiment und Bedeutung entsprechend aufwendig gestaltet.
Klassisches Offiziersgeschenk ist natürlich der Ehrensäbel, der in aufwendiger Gestaltung mit prunkvollen Gefäßen und edlen Damastklingen vergeben wird.
Je höher der Rang und Stellung des Beschenkten, desto aufwendiger und teurer werden diese Geschenke, die oft die Ausmaße von Miniatur-Denkmälern annehmen können.
Offizier-Portraits sind seit Jahrhunderten Bestandteil von Ahnengalerien in Burgen und Schlössern. Den zahlreich, vielfach in Privatbesitz befindlichen Gemälden von Offizieren verdankt die uniformkundliche Forschung wichtige Aufschlüsse, vor allem deshalb, weil manche überlieferte Uniformvorschrift durch die bildliche Darstellung korrigiert oder zumindest variiert wird. Naturgemäß war es nur den finanziell besser gestellten Offizieren, ob adlig oder bürgerlich, möglich, sich in Uniform porträtieren zu lassen. Die Erfindung der Fotografie erlaubte es schließlich jedermann, sich für wenig Geld im Bild der Nachwelt zu erhalten. In der Zeit vor dem Ersten Weltkrieg gab es noch keine Farbfotografie, man hat deshalb oft die schwarzweißen Aufnahmen mit der Hand koloriert, was naturgemäß Verfälschungen des Originals ergab, sei es durch unnatürliche oder unrichtige Farben, Verzerrung der Perspektive oder schlicht und einfach fehlerhafte Ausführung. Vielfach wurden die Abzüge retuschiert, um Details zu verschönen oder der Eitelkeit des Abgebildeten zu willfahren, so besonders oft geschehen bei Fotografien hochgestellter Persönlichkeiten.

Preußen;
Husar im Maler-Atelier,
Modell »reitend«.
Aufnahme um 1895.

»Wie dem Vater, so dem Sohne« könnte man über Kinderuniformen sagen. Denn natürlich war der Sprößling stolz auf seinen Soldaten-Vater, und der stolze Vater wiederum versuchte, möglichst bald — spielerisch — die Begeisterung des Sohnes für den Soldatenstand zu wecken. Soldatische Tradition war bestimmend in den Offiziersfamilien; in den Unteroffiziersrängen schon seltener zu finden und sicher die Ausnahme bei den Mannschaftsgraden. Bei den Kinderuniformen, die meist von vier- bis achtjährigen Buben getragen wurden, läßt sich natürlich genau Rang und Stellung des Vaters ablesen, und abhängig von der finanziellen Möglichkeit des Vaters wurden diese Uniformen entsprechend genau und qualitätvoll gefertigt. So gab es auch hier »Kaufhausware« oder individuell vom Schneider oder Uniformlieferanten gefertigte Einzelstücke, deren Ausführung bis in die kleinste Einzelheit der Uniform des Vaters entsprach.
Außer diesen Sonderanfertigungen gab es auch reine Spielzeugprodukte, die wie heute ein Cowboy- oder Indianerkostüm in Kaufhäusern oder über Versandkataloge angeboten wurden. Die Ausführung dieser Spielzeuguniformen war entsprechend einfach; die Helme aus dünnem Blech oder Pappe gefertigt, die Uniform meist aus dünnem Filz oder gar nur als Brustlatz aus Papier, eine Ulanka oder Husarenattila darstellend, gefertigt. Naturgemäß waren diese Spielzeuge nicht besonders haltbar, besonders dann, wenn es um »heiße Gefechte« ging. Die Säbel oder Degen imitierten die vor dem Ersten Weltkrieg gängigen Modelle wie den Kavallerie-Säbel M/1852 oder M/1889, den Infanterie-Offiziersdegen M/1889 oder den Pallasch der Kürassiere; einerseits billig aus dünnem Blech gefertigt, andererseits originalgetreu mit schweren gegossenen und nachziselierten Gefäßen sowie Damastklingen dem offiziersmäßigen Original nachempfunden. Ein erhaltenes Originalstück trägt gar den auf der Klinge eingeätzten Namen des Jungen und die markige Devise »Es lebe hoch das Regiment, das sich mit Stolz "Die Wilden" nennt«.
Auch alle zugehörigen Effekten gab es in exakter Verkleinerung, so Epauletten, Schulterstücke, Feldbinden, Schärpen, Kartuschkästen, Säbeltaschen, Schabracken und Schabrunken für das Schaukelpferd, Gewehre und Pistolen. Trommeln, Trompeten, Pauken, Pfeifen und Flöten gehörten selbstverständlich dazu.
Diese Dinge wurden — obwohl rein uniformkundlich der vergangenen Kaiserzeit zugehörig — bis in die Jahre des Zweiten Weltkrieges gefertigt und angeboten, wie alte Kaufhauskataloge zeigen. Beim Spielzeug hatte die Uniform der Wehrmacht offensichtlich noch keine allzu großen Chancen, die konservative Haltung der Elternschaft bestimmte die Produktion der Hersteller.
Ganz anders verhielt es sich mit den Uniformen von fürstlichen Prinzen. Es war seit alters her Brauch, daß die preußischen Prinzen im Alter von 10 Jahren als Leutnants in das 1. Garde-Regiment zu Fuß eintraten. Ähnlich verhielt es sich in den übrigen Königreichen und Fürstentümer, wo auf die militärische Erziehung der Söhne ebenfalls größter Wert gelegt wurde. Die hierzu gefertigten Uniformen und Ausrüstungsstücke hatten mit Spielzeug nichts zu tun, es waren exakte, der Körpergröße der jungen Prinzen angepaßte Verkleinerungen der vorgeschriebenen Bekleidungsstücke.

447

448

449

7 Bayern; Kronprinz Rupprecht (1869 - 1955) schreitet mit seinem Sohn Luitpold (1901 - 1914) die Front des angetretenen 1. Feldartillerie-Regts. Prinzregent Luitpold ab. Erbprinz Luitpold wurde am 12. 3. 1912, dem 91. Geburtstag seines Urgroßvaters Prinzregent Luitpold, als Leutnant à la suite des 1. Feldartillerie-Regts. in die bayerische Armee eingestellt. Der kleine Prinz starb am 27. August 1914 an Kinderlähmung.

8 Sachsen; Stolzer Oberleutnant der Reserve der Feldartillerie mit seinem Sohn, dieser mit der Uniform der Kgl. Sächsischen Kadetten. Aufnahme um 1915.

9 Preußen; Ein Generalleutnant mit Armeeuniform im Kreise seiner Familie. Von den 8 Söhnen sind 7 in die Armee eingetreten, von links: Feldartillerie-Regt. General-Feldzeugmeister (2. Brandenburg.) Nr. 18; Zivilist; 1. Garde-Regt. zu Fuß; Unteroffz. der Dragoner; die Mutter; der Vater; Grenadier-Regt. König Friedrich Wilhelm IV (1. Pommersches) Nr. 2; Kaiser Franz Garde-Grenadier-Regt. Nr. 2; 1. Garde-Feldartillerie-Regt. und Kadett der Hauptkadettenanstalt Berlin-Lichterfelde.

450

451

453

452

450 Ein kleiner bayerischer Feldartillerist übt das Grüßen. Aufnahme um 1910.

451 Dieser kleine Ulan im Matrosenanzug wurde 1862 in Frankfurt a/M fotografiert.

452 Die regierenden Häuser gingen verständlicherweise besonders im militärischen Bereich mit gutem Beispiel voran: als feldgrauer »Leutnant der Garde« blickt huldvoll vom Sessel Prinz Friedrich v. Preußen (geb. 1911, Aufnahme vom Herbst 1915).

453 Ein feldgrauer »Leutnant der Infanterie« in weitgehend korrekter Uniform M/1910 grüßt mit diesem Foto seine Tante zur Kriegs-Weihnacht 1914.

456

457

458

459

456 Bayern; Kinderuniform um 1910. Vorbild ein Oberleutnant des 2. bayer. Ulanen-Regts., Ansbach.

457 Bayern; Kinderuniform um 1914. Vorbild ein Unteroffizier im 2. Chevauleger-Regt. Taxis, Regensburg.

458 Preußen; Kinderuniform um 1910. Vorbild ein Kürassier des Kürassier-Regts. Graf Wrangel (Ostpreuß.) Nr. 3.

459 Deutsches Reich; Kinderkürass und Zischägge, um 1910. Vorbild die Ausrüstung eines Pappenheimer Kürassiers des 30-jährigen Krieges.

460

460 Deutsches Reich; Gruppe von Kinderuniformen um 1910: Infanterie-Oberleutnantsrock mit Helm, bayerischer Kürass, preußischer Kürassierhelm, Säbeltasche und Kartuschkasten der Leib-Garde-Husaren von Potsdam; Trommel, Schärpe, Epauletten, Mütze und verschiedene Säbelmodelle.

461

462

463

461 Mecklenburg-Schwerin; Kinderhelm für »Infanterie«, aus gepreßter Pappe. Um 1900.

462 Württemberg; Ulanen-Tschapka für Kinder, mit feldgrauem Beschlag. Um 1915, lackierte Pappe.

463 Preußen; Kinderhelm für »Gardekürassiere«, um 1910.

464

465

466

464 Bayern; Mantel zu einer Kinderuniform des 2. Chevaulegers-Regts., um 1912.

465 Preußen; Pelzmütze für »Leib-Garde-Husaren«, Pappe und schwarzer Plüsch mit Gardestern aus Papier. Um 1900.

466 Preußen; Kinderhelm für »Garde du Corps«, Blech mit Adler aus Holzmasse. Um 1900.

Nachrichten über Militariasammlungen im 19. Jahrhundert sind — im Gegensatz zu Waffensammlungen — kaum vorhanden. Erst gegen Ende des Jahrhunderts gibt es eine Reihe von Privatsammlern, deren Schätze schließlich in Form von Versteigerungskatalogen dokumentiert werden. Sammlerkarteien wurden wohl nicht geführt, es sind keine bekannt. Nachschlagewerke, wie wir sie heute kennen, gab es nicht, abgesehen von den oft üppig illustrierten Uniformwerken, die aber im Großen und Ganzen keine genauen Angaben über Einführungsdaten von Bekleidungs- und Ausrüstungsstücken gaben. Erst das Werk von Krickel/Lange »Das Deutsche Reichsheer«, erschienen in Berlin 1892, macht einen Anfang mit der Darstellung von Einzelheiten der Ausrüstungsstücke, jedoch immer noch ohne exakte Angaben. Professor Richard Knötel beginnt seine groß angelegte »Uniformenkunde« im Jahr 1896, Karl Müller und Louis Braun bringen ihr Standardwerk über die Königlich Bayerische Armee ab 1906 in Teillieferungen heraus, und Paul Pietsch schreibt seine preußische Uniformkunde 1912, mit der er quasi eine Fortsetzung des von C. Kling im selben Jahr abgeschlossenen Werkes über Preußen bis 1806 liefert. Paul Pietsch erlebt die seltene, wohl einmalige Freude, daß sein Uniformwerk über 50 Jahre später in erweiterter Form nochmals aufgelegt wird. Im übrigen muß sich der Militariasammler lange behelfen, indem er Bekleidungsordnungen studiert, in Regimentsgeschichten nach verstreuten uniformkundlichen Hinweisen sucht und oft auf seine Findigkeit und Gepräche mit altgedienten Soldaten angewiesen ist.

Die bekannten privaten Sammlungen der Zeit um 1900 sind:

Die Sammlung des Schlachtenmalers Prof. Louis Braun (1836 - 1916), aufgestellt in München und in seinem Schlosse Wernfels bei Nürnberg. Braun beginnt seine Sammlung mit dem 16. Jahrhundert, seine Schwerpunkte sind der Zeitraum 1800 bis 1871. Die Sammlung wird noch zu Lebzeiten Louis Brauns 1914 in München versteigert, es erscheint ein bebilderter Katalog.

Ein Herr Bartsch (Näheres nicht bekannt) besitzt eine umfangreiche Sammlung mit Schwerpunkt Völkerschlacht bei Leipzig, die in einem Gebäude in der Nähe des Völkerschlachtdenkmals untergebracht gewesen war und zu der ein umfangreicher Katalog existiert haben soll. Im Zweiten Weltkrieg ging die Sammlung zum großen Teil verloren, ein kleiner Teil wurde gerettet und befindet sich heute im Stadtgeschichtlichen Museum Leipzig.

Ein Herr Buhrig in Leipzig besitzt ebenfalls eine umfangreiche Sammlung von Militaria der Befreiungskriege. Diese Sammlung wurde 1913 in Leipzig versteigert, ein illustrierter Katalog hat sich erhalten.

Major F. W. Deiß, in Darmstadt verstorben 1931 (Verfasser des bekannten Werkes »Das Deutsche Soldatenbuch«), besaß eine ausgezeichnete Sammlung vornehmlich hessischer Militaria, die um 1924 an das Schloßmuseum Darmstadt überging.

Der Kirchenrat Franz Bonsack in Apfelstädt bei Arnstadt, Kreis Gotha, besaß die wohl umfangreichste Militaria-Sammlung, die es je in Privathand gegeben hat. Er begann 1891 als kleiner Junge zu sammeln und konnte 1930 seine Sammlung im Schlosse Friedenstein zu Gotha der Öffentlichkeit zugänglich machen. Über 400 komplette Uniformen, mehr als 1 000 Helme, dazu eine unübersehbare Zahl von Effekten, Ausrüstungsstücken, Bildern und Dokumenten, Kürassen, Blank- und Schußwaffen waren ausgestellt. Zusätzlich hatte Bonsack noch Teile seiner Sammlung in der Wachsenburg bei Gotha ausgestellt. Über den Verbleib der Sammlung nach 1945 gibt es widersprüchliche Nachrichten. Ein großer Teil ging 1944 an das Zeughaus in Berlin, andere Teile wurden ausgelagert und sind heute im Besitz staatlicher Museen der DDR. Sicher gingen auch Teile der Sammlung verloren.

Carl Hollitzer, Historienmaler, lebte in Deutsch-Altenburg/Donau von 1874 bis 1942. Er besaß neben einer umfangreichen kostümkundlichen Sammlung eine der besten Militariasammlungen mit Schwerpunkt Freiheitskriege. Hollitzer kaufte u. a. viele Teile der Sammlung Louis Braun, Robert von Haug, Sigismund L'Allemand, Baron v. Myrbach, Rudolf v. Ottenfeld und Professor C. Seiler. Hollitzer ließ seine bekannte Sammlung noch zu Lebzeiten im Wiener Dorotheum versteigern (1934), mußte jedoch erleben, daß das Interesse für seine Schätze äußerst gering war und ein Großteil unverkauft blieb, den er aber gerne wieder zurücknahm.

Professor Robert v. Haug, Militär- und Pferdemaler (1857 - 1922), lebte in Stuttgart. Es gibt keine Dokumente über seine Sammlung. Da sie jedoch von Hollitzer in Wien erworben wurde, muß sie als Schwerpunkt Stücke der napoleonischen Zeit beinhaltet haben.

Anton Hoffmann, Historienmaler in München (1863 - 1938) besaß eine prachtvolle Sammlung fast ausschließlich bayerischer Militaria, die nach seinem Tode von seiner Haushälterin geerbt wurde und nach und nach in Kostümhäusern und bei Trödlern verramscht wurde.

Angelo Jank, bayerischer Militär- und Pferdemaler, lebte in München von 1868 bis 1940. Er besaß ebenfalls eine vorwiegend bayerisch, aber auch französisch orientierte Sammlung, deren beste Stücke an das Bayerische Armeemuseum gingen.

Professor Sigismund L'Allemand in Wien besaß eine große Militaria-Sammlung, die ebenfalls von Hollitzer erworben wurde.

Ferdinand Theodor Muhsfeldt, in Hamburg 1924 verstorben, war ein bedeutender Heereskundler und Sammler, dessen Militaria-Bestände 1937 über einen Festpreis-Katalog angeboten und verkauft wurden. Hier haben sich Stückzahlen überliefert, es waren 109 Helme, über 150 Blankwaffen, 90 Gewehre, Karabiner und Pistolen sowie über 70 Kürasse; dazu Epauletten, Säbeltaschen, Ringkragen usw.

Felician Baron v. Myrbach, Historienmaler, geb. 1863, lebte in Paris und Wien und besaß eine interessante Studiensammlung von Militaria, die von Hollitzer in Wien erworben wurde.

Rudolf v. Ottenfeld, 1856 - 1913, Militärmaler und Verfasser des bekannten Werkes über die österreichische Armee, das 1895 in Wien zusammen mit Professor Oskar Teuber erschien, besaß eine hauptsächlich österreichisch orientierte, umfangreiche Militaria-Sammlung, die ebenfalls von Hollitzer erworben wurde.

Prinz Karl v. Preußen (1801 - 1883), Bruder Kaiser Wilhelm I. trug eine umfangreiche Sammlung von Waffen und Militaria zusammen, die zum Teil in Schloß Glienicke bei Potsdam ausgestellt war. Nach dem Tode des Prinzen kam die Sammlung in die Ruhmeshalle Berlin (Zeughaus), wo sie einen maßgeblichen Grundstock der späterhin berühmten Zeughaussammlung bildete.

Friedrich Rascher, Kunstmaler, lebte in Frankfurt und starb um 1930, war ein eifriger Waffen-, Helm- und Uniformsammler. Er war so sehr auf Militaria versessen, daß er in der düstersten Zeit, nämlich von 1919, eine Zeitschrift für Militaria-Sammler gründete (»Archiv für Waffen- und Uniformkunde«, 1919 - 1921), und darüber in große finanzielle Schwierigkeiten geriet. Einige seiner schönsten Helme sind in seiner Zeitschrift dokumentiert. Rascher gab seine Sammlung zunächst als Leihgabe in das Schloßmuseum Darmstadt, wo sie schließlich blieb.

Professor C. Sailer, lebte in München, nähere Daten sind ebenfalls nicht bekannt. Er besaß eine umfangreiche Kostüm- und Uniformensammlung, die 1921 in München versteigert wurde.

Auf der Wachsenburg bei Gotha wurde bereits 1911 eine uniformkundliche Sammlung eingerichtet, zu deren Grundstock eine ansehnliche Militariasammlung mit Schwerpunkt 1813 - 1871 gehört hat. Diese Sammlung gehörte drei Herren in Eisenach, es wurden hierfür über 22 000 Goldmark bei den deutschen Fürsten und den Kriegsministerien gesammelt, um die Sammlung 1909 für die Wachsenburgausstellung erwerben zu können.
Es haben sicher noch weitere gute alte Sammlungen existiert, jedoch sind — wie eingangs erwähnt — Berichte darüber kaum vorhanden.
Staatliche Sammlungen von Uniformen und Ausrüstungsstücken entstehen in Berlin, München, Dresden und Stuttgart.
Das Berliner Zeughaus wird — nach entsprechender Vorgeschichte — als Heeresmuseum 1880 eröffnet; es wird die größte Sammlung in Deutschland werden. Das Armeemuseum in München wird 1879 gegründet und erhält 1905 seinen eigenen Bau in München am Hofgarten. Das Armeemuseum in Dresden geht auf die alte Waffensammlung der sächsischen Herzöge des späten 15. Jahrhunderts zurück; es wird 1876 als neue, eigenständige Sammlung, mit gerade in die Sammlung eingereihten französischen Beutewaffen von 1870/71 eröffnet. Die umfangreichen Sammlungen werden bereits vor dem Ersten Weltkrieg durch Kataloge dokumentiert. Während des Zweiten Weltkrieges werden die Museumsgebäude zerstört, die Bestände waren zum großen Teil ausgelagert und haben sich, wenn auch durch Plünderung oder Nichtachtung dezimiert, erhalten. Das Stuttgarter Heeresmuseum bestand bis 1931 im Alten Schloß und brannte in diesem Jahre aus, 1932 wurde wieder ein Heeresmuseum, nun im Neuen Schloß, eröffnet. Die Bestände gingen im Zweiten Weltkrieg und danach verloren.
Zu den Gründungen zwischen den Weltkriegen gehörten das Badische Armeemuseum Karlsruhe, das Museum der Kriegsmarine in Berlin und die Heeres- und Waffengeschichtliche Abteilung des Staatlichen Landesmuseums für Danziger Geschichte in Danzig-Oliva.
In Darmstadt entstand 1923 im vormaligen Residenzschloß eine umfangreiche Uniformen- und Waffensammlung, in der außer der riesigen Privatsammlung des letzten Großherzogs von Hessen-Darmstadt, Ernst-Ludwig (begründet bereits von Landgraf Ludwig IX. um 1780) noch folgende Bestände vereint waren: Erinnerungsstücke aus dem Besitz der ehemaligen Großherzoglich Hessischen Regimenter wie Silbergegenstände und Gemälde; die Sammlungen von F. Rascher und Major Deiß; aus dem Magazin des Landesmuseums Bestände von Waffen und Uniformen sowie die umfangreiche Sammlung von über 100 Gewehrmodellen aus aller Welt, die die Technische Hochschule Darmstadt zur Verfügung stellte. Die Darmstädter Sammlung ging im Zweiten Weltkrieg unter, da man versäumte, die Bestände auszulagern. So gingen im Bombenhagel über 100 komplette Uniformen sowie die Waffen-, Ordens- und Militärmusikinstrumentensammlung sowie eine umfangreiche Bibliothek unter. Ein minimaler Bruchteil der Schätze wurde gerettet und ist heute wieder im Schloßmuseum Darmstadt ausgestellt.
Große private Sammlungen werden 1935 im »Historischen Militär-Museum Koblenz« und 1938 im »Altenburger Regimentsmuseum« der Öffentlichkeit zugänglich gemacht. In vielen Garnisonen der Wehrmacht werden mit Hilfe der verschiedenen Offizierskameradschaften der Alten Armee Uniformsammlungen angelegt, die hauptsächlich die Zeit 1900 -1918 behandeln. Alle diese Sammlungen gehen im Zweiten Weltkrieg verloren.
Heute bestehen in der Bundesrepublik zwei große staatliche Sammlungen: Das Wehrgeschichtliche Museum in Rastatt, das nach den Kriegswirren zunächst 1949 in Baden-Baden als »Badisches Historisches Museum-Neues Schloß« eröffnet wird und 1957 sein heutiges Domizil im Schloß zu Rastatt erhält; sowie das Bayerische Armeemuseum, dessen größerer

Teil der Bestände gerettet wurde und seit 1969 im Herzogsschloß zu Ingolstadt seinen Besuchern offensteht.
Auch heute entstehen bei verschiedenen Truppenteilen der Bundeswehr wieder Schausammlungen, die in oft mühevoller Kleinarbeit aufgebaut werden und den heutigen Soldaten die Militär- und Uniformgeschichte vermitteln sollen. Zahlreiche Landesmuseen, Stadt- und Heimatmuseen in der Bundesrepublik zeigen oft kaum vermutete, uniformkundliche Bestände, so daß auch für den Uniformkundler eine Museumsfahrt im Lande lohnt — Erkundigungen sind dafür vorher nötig, es ist aber mit den heute erschienenen deutschen Museumsführern einfach, sich zu informieren.
In Schwarzburg (heute DDR) wurde die Sammlung »Schwarzburger Zeughaus« bereits im 15. Jahrhundert begründet und schon vor 1918 zu einer fürstlichen Schausammlung mit hohem Bekanntheitsgrad. Sie besaß u. a. die vollständige Ausrüstung einer schwarzburgischen Kompanie von 1630, Erinnerungsstücke von Gustav Adolf sowie Monturen des Schwarzburg-Rudolstädtischen Militärs aus allen Zeiten. Hinzu kamen reiche Uniform-Abgaben deutscher Fürstlichkeiten. 1940 wurden die Bestände in die Heidecksburg verlagert, überstanden heil den letzten Krieg und sind heute im »Staatlichen Museum Heidecksburg-Rudolstadt« ausgestellt, ein Katalog liegt ebenfalls vor.
Das Zeughaus in Ost-Berlin ist in seinem angestammten, vorbildlich wiederhergerichteten Hause als »Museum der deutschen Geschichte« wieder erstanden, zwei in Buchform erschienene Bestandskataloge geben einen guten Überblick über Kopfbedeckungen und Blankwaffen.
Das »Armeemuseum der DDR« in Dresden bietet dem interessierten Besucher ebenfalls reiche Bestände an alten Waffen und Uniformen vergangener Tage bis zur Neuzeit.

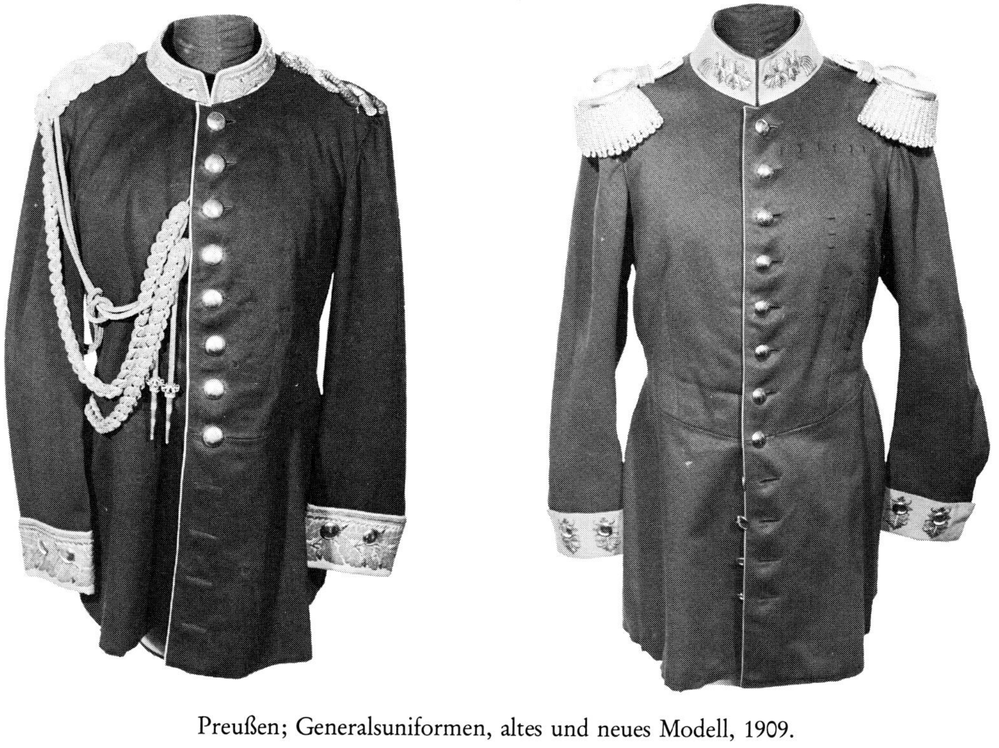

Preußen; Generalsuniformen, altes und neues Modell, 1909.

469

469 Ehem. Zeughaus Berlin; Figurine mit Uniform eines Kürassiers vom Kür.Regt. v. Bohlen Nr. 1, 1786. Aufnahme um 1938.

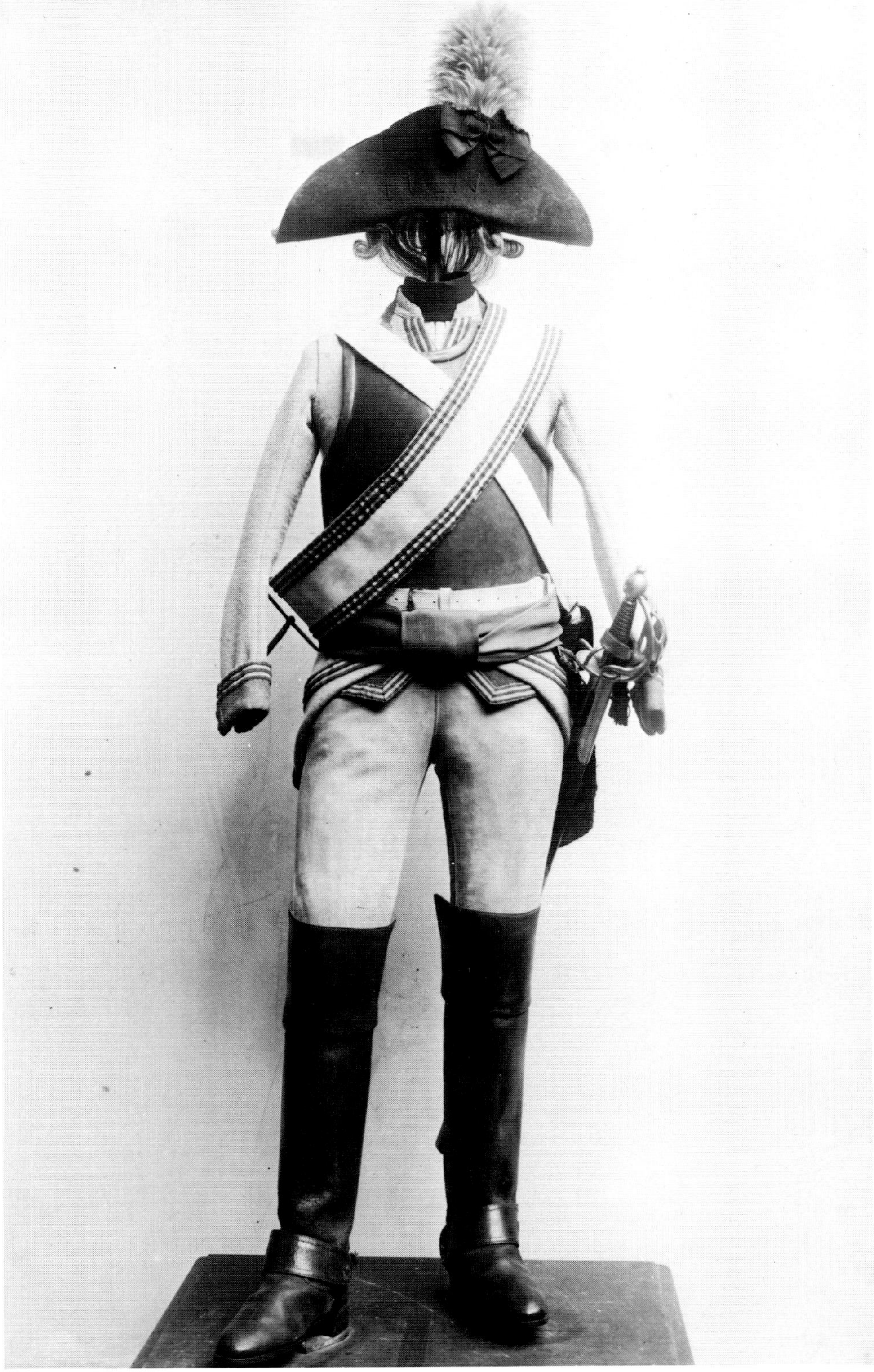

469

469 Ehem. Zeughaus Berlin; Figurine mit Uniform eines Kürassiers vom Kür.Regt. v. Bohlen Nr. 1, 1786. Aufnahme um 1938.

470

470 Preußen; Faksimile aus dem »Amtlichen Führer des Königlichen Zeughauses Berlin«, 1914.

471

471 Faksimile aus dem Bildführer des Kgl. Bayerischen Armeemuseums, Verlag L. Wacker, München-Pasing 1912: Ansicht von Raum VI mit Uniformen und Waffen aus der Zeit Kurfürst Karl Theodor (1777 - 1799), dabei in der Vitrine Rumford-Kaskets und -Uniformen.

472

473

472 +
473 Originalaufnahmen mit Eindrücken der Sammlungen im Historischen Militär-Museum Koblenz, um 1938.

440

441

442

440, **Offiziersgeschenke für Kaiser Wilhelm II.:**
442 Grenadier-Offiziersmütze des 1. Garde-Regiments zu Fuß; aufgeklappt zeigt sie die Porträts der preußischen Könige sowie die Kaiserliche Familie im Jahre 1894. Im achten Oval befindet sich die Widmung »Zum 25-jährigen Offiziersjubiläum Sr. Majestät des Kaisers und Königs Wilhelm II. d. 9. Febr. 1894«. Heute in Haus Doorn, Holland.

441 Statue, Silber, darstellend einen Fahnenträger des friderizianischen Bataillons Garde. Auf dem roten Marmorsockel in Goldschrift der militärische Werdegang des Kaisers. Geschenk der Offiziere des 1. Garde-Regiments zum 3. Mai 1900, als Wilhelm II. den Rang eines Generalfeldmarschalls annahm.

444

443

446

445

Vier Offiziersportraits:

443 Bayern; Capitaine (Hauptmann) vom 2. Infanterie-Regt. Kurprinz, München, 1789 - 1800. Das Rumford'sche Bekleidungssystem war umständlich; der Grad des Offiziers ließ sich an der Zahl der Knopflöcher und deren Tresseneinfassung auf der Brustrabatte ablesen.

444 Preußen; Offiziere vom Musketier-Regt. 34, um 1806, mit Orden Pour le Mérite. Seit Februar 1805 wurde die Schärpe über dem bis zur Taille zugehakten Rock getragen.

445 Bayern; Capitaine im 11. Infanterie-Regt. Kinkel, um 1812. Garnison Landsberg-Kempten.

446 Bayern; Leutnant im 1. Chevaulegers-Regt. Kronprinz, Nürnberg-Bayreuth, ca. 1840.

454

455

454 + Preußen; 2 exakt gearbeitete Kinderuniformen, wohl für Söhne fürstlicher Häuser. Links Uniform eines
455 Leutnants der Leib-Garde-Husaren, rechts Uniform eines Leutnants im Regt. der Gardes du Corps. Höhe der Figuren ca. 140 cm.

467

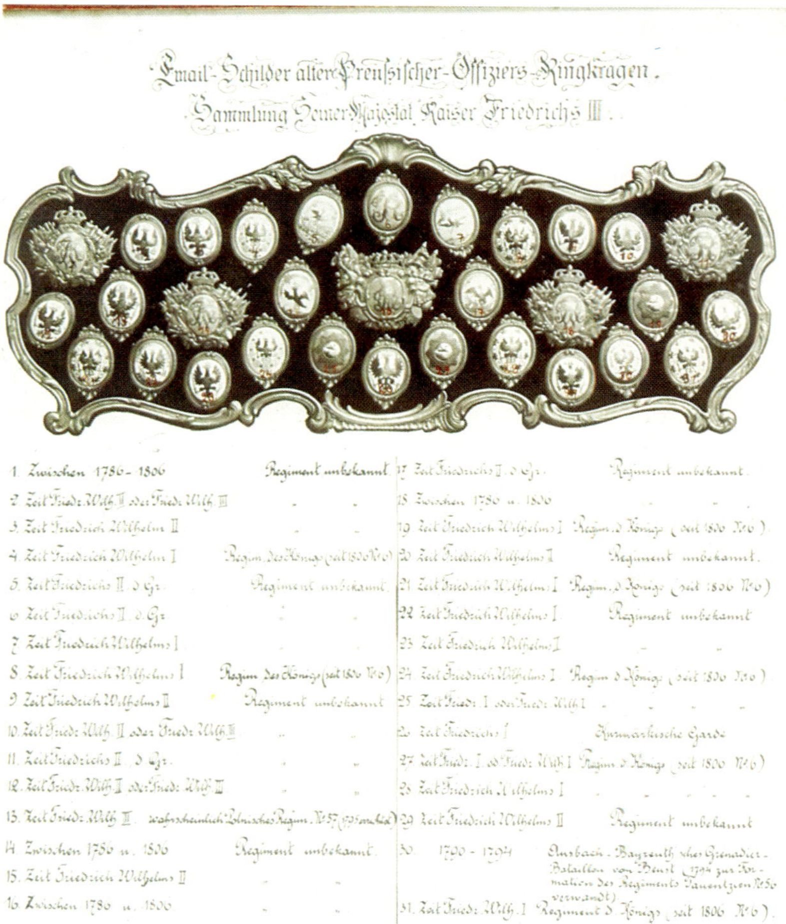

Email-Schilder alter Preußischer-Offiziers-Ringkragen.
Sammlung Seiner Majestät Kaiser Friedrichs III.

1. Zwischen 1756 - 1806 Regiment unbekannt.
2. Zeit Fried: Wilh. II oder Fried: Wilh. III „ „
3. Zeit Friedrich Wilhelm II „ „
4. Zeit Friedrich Wilhelm I Regim. des Königs (seit 1806 No 6)
5. Zeit Friedrichs II. d. Gr. Regiment unbekannt.
6. Zeit Friedrichs II. d. Gr. „ „
7. Zeit Friedrich Wilhelms I „ „
8. Zeit Friedrich Wilhelms I Regim. des Königs (seit 1806 No 6)
9. Zeit Friedrich Wilhelms II Regiment unbekannt
10. Zeit Fried: Wilh. II oder Fried: Wilh. III „ „
11. Zeit Friedrichs II. d. Gr. „ „
12. Zeit Fried: Wilh. II oder Fried: Wilh. III „ „
13. Zeit Fried: Wilh. III. wahrscheinlich Polnisches Regim. No 57 (1795 errichtet)
14. Zwischen 1756 u. 1806 Regiment unbekannt.
15. Zeit Friedrich Wilhelms II „ „
16. Zwischen 1786 u. 1806 „ „
17. Zeit Friedrichs II. d. Gr. Regiment unbekannt.
18. Zwischen 1780 u. 1806 „ „
19. Zeit Friedrich Wilhelms I Regim. d. Königs (seit 1806 No 6).
20. Zeit Friedrich Wilhelms II Regiment unbekannt.
21. Zeit Friedrich Wilhelms I Regim. d. Königs (seit 1806 No 6)
22. Zeit Friedrich Wilhelms I. Regiment unbekannt
23. Zeit Friedrich Wilhelms I „ „
24. Zeit Friedrich Wilhelms I. Regim. d. Königs (seit 1806 No 6)
25. Zeit Fried: I oder Fried: Wilh. I „ „ „ „
26. Zeit Friedrichs I Kurmärkische Garde
27. Zeit Fried: I od. Fried: Wilh. I Regim. d. Königs (seit 1806 No 6)
28. Zeit Friedrich Wilhelms I „ „ „ „
29. Zeit Friedrich Wilhelms II Regiment unbekannt
30. 1790 - 1794 Ansbach-Bayreuth'sches Grenadier-Bataillon von Beust (1794 zur Formation des Regiments Tauentzien No 50 verwandt)
31. Zeit Fried: Wilh. I Regiment d. Königs (seit 1806 No 6).

468

467 + **Preußen; ehem. Sammlung Kaiser Friedrich III. (1888):**
468 Sammlung von emaillierten Schildern aus preußischen Ringkragen des 18. Jahrhunderts. Zuletzt Besitz Kaiser Wilhelm II., heute im Museum Huis Doorn, Holland. Darunter Faksimile der szt. dazu gefertigten Beschreibung.

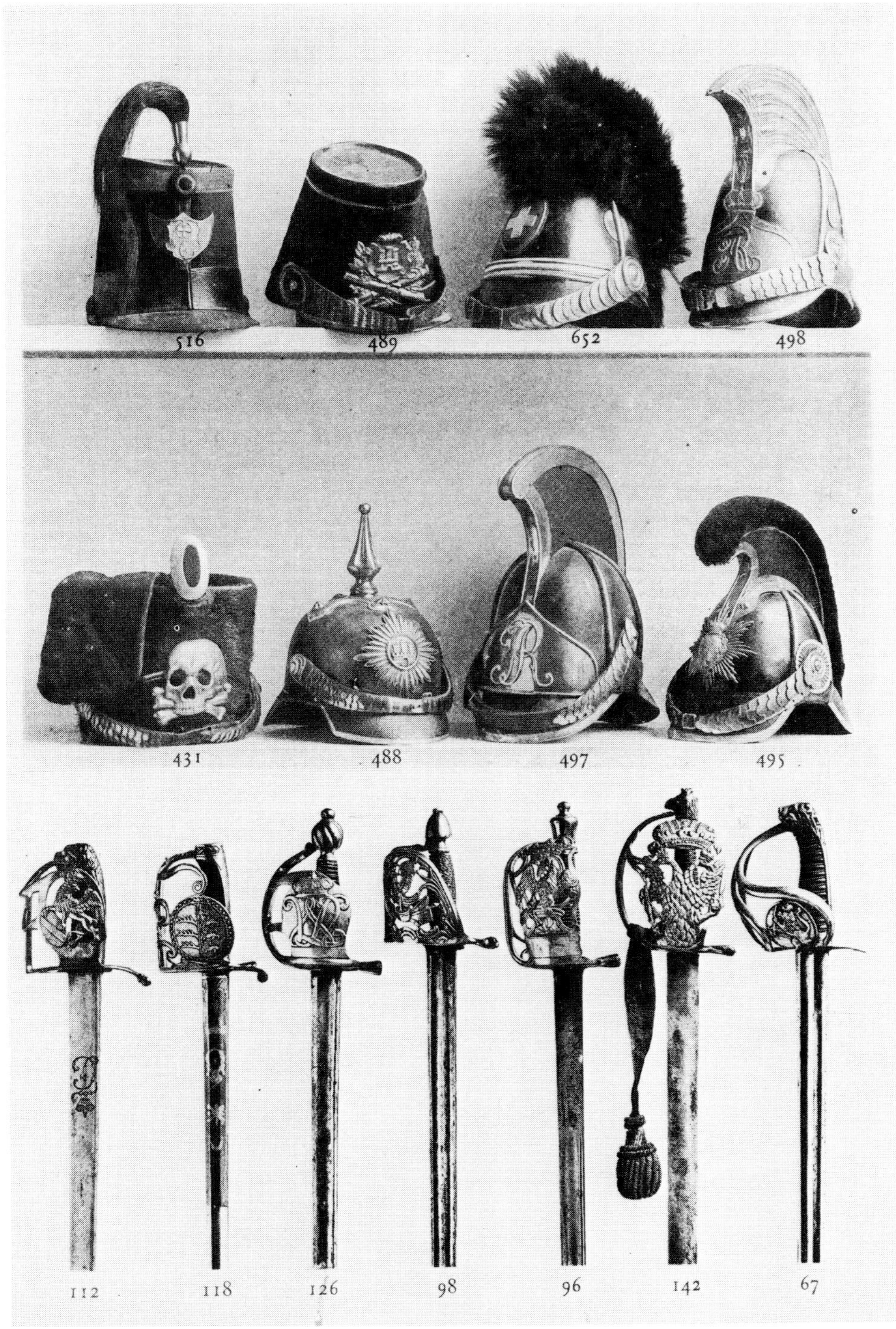

474

4 Bayern; Faksimile aus dem Auktionskatalog »Sammlung Prof. Louis Braun«, Galerie Helbing, München, 1914. Darstellung von Pallaschen 18./19. Jhdt. und Helmen (516 = Offizierstschako der Stadt Schwäbisch Hall 1848; Tschako und Helm des Hamburger Bürgermilitärs (489 und 488); sächsische Reiterhelme (495, 497, 498); Pelzmütze M/1850 des preuß. 1. Leib-Husaren-Regts. (431) und Schweizer Chevaulegers-Offiziershelm (652).

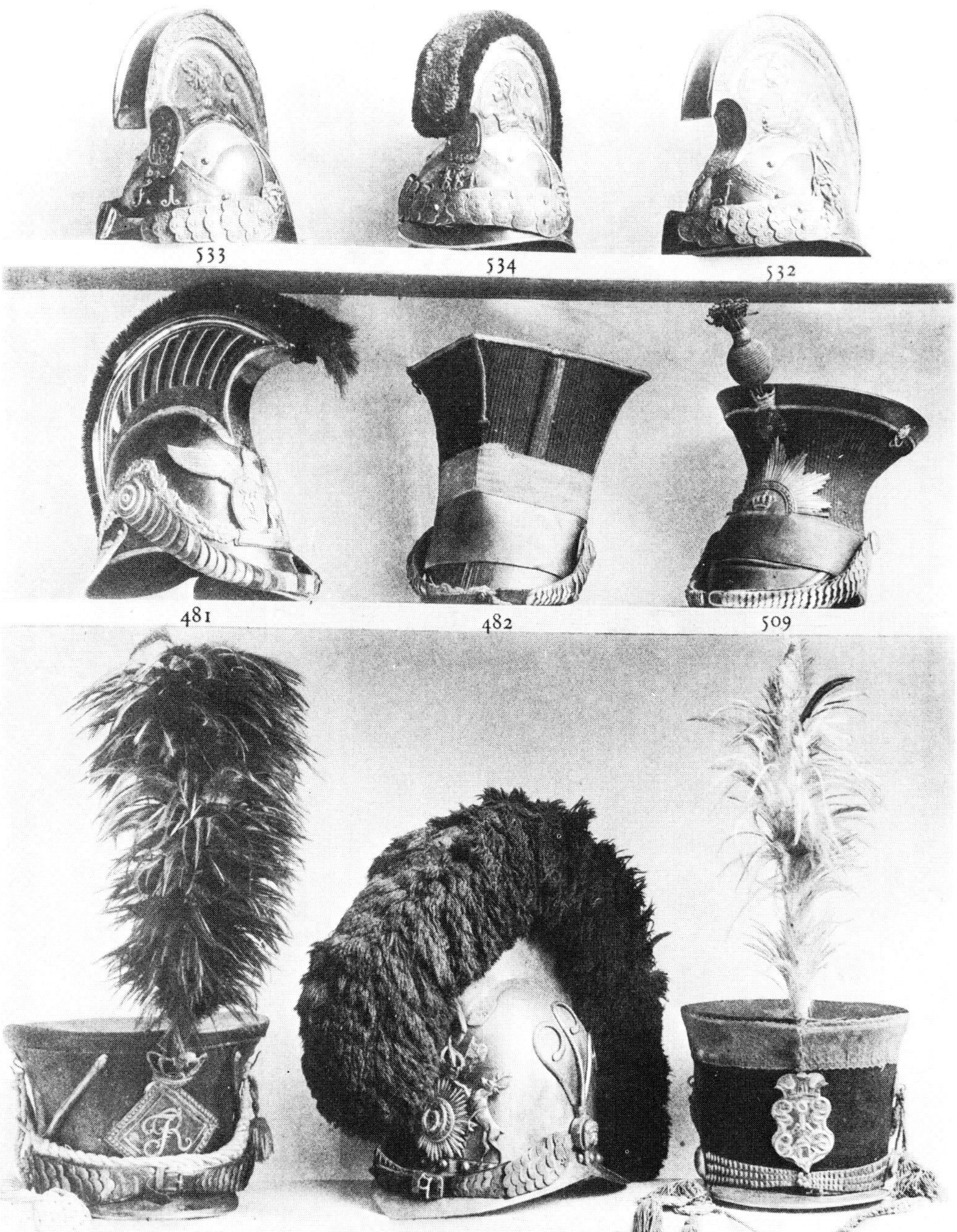

475

475 Bayern; Faksimile aus dem Katalog »Sammlung Prof. Louis Braun«, mit österreichischen Kürassier-Offiziershelmen (532 - 534); Dragoner-Offiziershelm Baden (481); Ulanen-Offiziers-Tschapka Baden ca. 1813 (482); Garde-Ulanen-Offizierstschako Württemberg ca. 1815; Tschako der Louis-Jäger, Württemberg 1813 (512); Eisenhelm der Garde du Corps Württemberg, 1806 (508) und Tiroler Tschako 1809 (540). Originalbeschreibung aus dem Katalog.

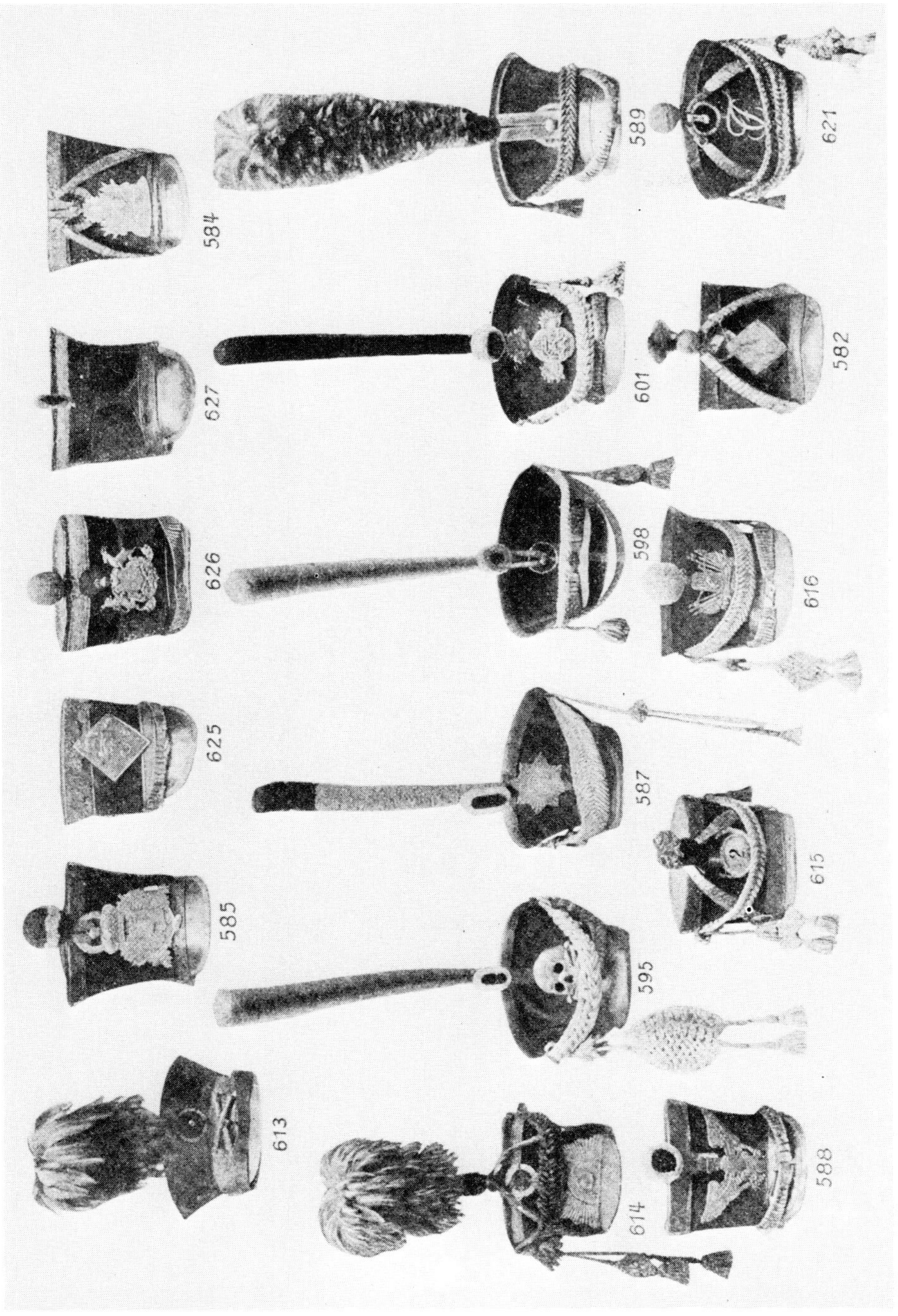

476

476 Faksimile aus dem Auktionskatalog der Sammlung Buhrig, Leipzig, Fa. Hiersemann 1913; mit Darstellung von Tschakos: Artillerie Hessen-Darmstadt um 1828 (613); Infanterie Neufchâtel 1814 - 48 (585); 2. Württemberg. Reiter-Regt. 1813 (625); Trompeter des 3. Württ. Reiter-Regts. 1815 (626); 1. Württ. Fuß-Jäger-Batl. 1806 (627); Infanterie Kanton Genf 1815 (584); Lübecker Bürgermilitär 1820 (614); 2. Preuß. Husaren-Regt. 1824 (595); 1. Garde-Regt. zu Fuß Preußen 1815 (587); Dragoner Preußen 1820 (598); Reitende Artillerie Preußen 1825 (601); Füsilier-Offizier Preußen 1830 (589); Infanterie Preußen 1815 (588); Infanterie Nassau 1820 (615); 2. Nassauisches Inf.Regt. 1815 (616); Voltigeur Kanton Appenzell 1813 (582); Offiziere der Infanterie Sachsen-Weimar 1828 (621). Originalbeschreibung aus dem Katalog.

477

477 Faksimile aus dem Katalog der Jahrhundert-Ausstellung, Breslau 1913 (zur 100-Jahrfeier der Völkerschlacht bei Leipzig): Raum 22 mit der Sammlung Carl Hollitzer, Wien. Besonders vermerkt wurde im Katalog, daß der Maler Hollitzer selbst seine Sammlung in der Ausstellung aufgebaut hat, also niemanden an seine Schätze heranließ.

478

480

479

481

Originalaufnahmen aus der Sammlung Bonsack, etwa 1939 aufgenommen:

78 Unteroffizier des 1. Leibhusaren-Regts. Nr. 1 und Gala-Wachanzug für Gardes du Corps, beides Preußen.

79 Helme der sächsischen Gardes du Corps sowie herzoglich-sächsische Raupenhelme der Kavallerie.

80 Kollet und Bügelhelm eines preußischen Generals mit Kürassieruniform; herzogl.-sächsischer Füsiliertschako- und Kollet; preußische Husaren- und Kürassieroffiziers-Ausrüstung.

81 Ein weiterer Eindruck aus der umfangreichen Sammlung, hier verschiedene preußische Kavallerie-Uniformen, dazwischen etwas verloren ein bayerischer Helm M/1879 für Schwere Reiter.

Es gibt verschiedene Möglichkeiten zum Aufbau einer sinnvollen Militaria-Sammlung, die sich natürlich nach dem zur Verfügung stehenden Raum und den finanziellen Gegebenheiten richten. Auf jeden Fall sollte man eine Sammlung nicht zu einer Anhäufung von Dingen aller Art werden lassen, zu schnell verliert man darüber die Freude an der Sache und schließlich auch Geld.

Die klassische Militaria-Sammlung ist immer noch die Helmsammlung. Helme lassen sich unabhängig von der Uniform sammeln, beanspruchen nicht allzu viel Platz, sind sehr dekorativ und haben natürlich im großen und ganzen auch finanziell den höchsten Wert (dieses Werturteil ist jedoch nur noch mit Einschränkungen zu gebrauchen, die Preisentwicklung zeigt, daß besondere Einzelstücke der Uniformierung oder Ausrüstung schon erheblich über dem Preis der zugehörigen Kopfbedeckung liegen können: Beispiel sei ein Offiziersrock mit Epauletten aus einem der Grenadier-Regimenter, mit gesticktem Kragen und Aufschlägen, der gut den doppelten bis dreifachen Preis eines zugehörigen Offiziershelms erreichen kann).

Neben den Kopfbedeckungen sind die Effekten und Ausrüstungsstücke für sich sammelbar, insbesondere Epauletten und Schulterstücke mit ihren verschiedenen Namenszügen, Auflagen und Farben; außerdem natürlich Kartuschkästen, Säbeltaschen, Feldbinden, Schärpen und Koppel- oder Uniformknöpfe.

Sammlungen von solchen Einzelstücken haben ebenso ihren Reiz wie die Zusammenstellung von Ganzfiguren, von Uniformtypen, die unter verschiedenen Gesichtspunkten erfolgen kann:

a) Darstellung der verschiedenen Waffengattungen des deutschen Heeres: Infanterie, Kavallerie, Artillerie usw., wobei man zusätzlich chronologisch unterscheiden kann.
b) Aufbau einer Spezialsammlung, die sich ausschließlich mit einer bestimmten Waffengattung befaßt, z. B. mit den preußischen Kürassieren.
c) Überblick über die Uniformentwicklung einer bestimmten Armee, z. B. die Kgl. Bayerische Armee, wobei man zusätzlich eine bestimmte Epoche festlegen kann.
d) Zeitgeschichtliche Sammlung, wie z. B. die Uniformen der kriegführenden Parteien 1870/71 oder des Ersten Weltkrieges.
e) Die Bewahrung des Nachlasses einer bestimmten Person, z. B. eines Offiziers, dessen Karriere anhand von Originaldokumenten bekannt ist und dessen Waffen, Uniformen und Orden zusammen erworben werden konnten, wobei man abhandengekommene Gegenstände »nachsammeln« kann.

Wie auch immer man eine Sammlung aufbaut, sollte man nicht versäumen, sich anhand von zugänglicher Literatur wie Ranglisten, Regimentsgeschichten, Uniformwerken, kriegsgeschichtlichen Werken oder Originalfotos den notwendigen Überblick zu verschaffen.

Der Besuch der verschiedenen Militärmuseen, der Kontakt zu anderen Sammlern, die Mitgliedschaft in heereskundlichen Vereinen und die Forschung in entsprechenden staatlichen Archiven sind unerläßlich, um möglichst viele Vergleichsmöglichkeiten zu haben und die Sachkenntnis ständig zu vertiefen. Der seriöse Handel ist beim Aufbau einer Sammlung eine entscheidende und wichtige Hilfe, »Gelegenheitskäufe« auf Flohmärkten oder »einmalige Gelegenheiten« direkt von Privat können wirkliche Trouvaillen sein, bergen aber auch die Gefahr, auf Fälschungen oder Ramsch hereinzufallen.

Antiquitäten werden schon so lange gefälscht wie sich interessierte Abnehmer dafür finden, bei historischen Waffen verhielt es sich nicht anders, und auch bei Sammlungsstücken wie Helmen und Uniformen gibt es Fälschungen, die in manchen Bereichen einen hohen Grad von Perfektion erreicht haben. Auch hier ist am meisten bei den Helmen Vorsicht angera-

482

483

2 Bayern; 100-Jahr-Feier des Kgl. Bayer. 1. Schweren Reiter-Regts. Prinz Karl vom 20. - 22. Juni 1914; Offiziere des Regiments in historischen Uniformen der Garde du Corps. 4. von links Prinz Alfons von Bayern. Getragen wurden originale Helme und Pallasche sowie nachgeschneiderte Uniformen.

3 100-Jahr-Feier des 1. Schweren Reiter-Regts., München. Quadrille von 8 Damen und 8 Offizieren in Uniformen des 1. Kürassier-Regts. 1845 - 1873. 1. von links Prinz Leopold von Bayern.

ten, oft werden seltene Embleme galvanoplastisch (in Kupfer) nachgefertigt und auf originale Helme montiert; andererseits werden inzwischen besonders Metallhelme gänzlich kopiert, mit allen dazugehörigen Teilen wie Aufsatzadlern- oder Löwen, Schuppenketten, Kokarden und Emblemen. Es ist unmöglich, ein Patentrezept zur Erkennung solcher Fälschungen zu geben, nur lange Erfahrung und der Kauf beim seriösen Handel schützen vor Verlust.

Uniformen lassen sich, wie alte Textilien überhaupt, nicht fälschen bzw. neu herstellen, da es heute die damals verwendeten Stoffe und Tuche wie Kirsey, Croisé, Düffel, Doeskin, Eskimo, Kasimir, Trikot, Köper, Baumwollsamt oder Seide in der seinerzeitigen Anfertigungsqualität und Webart nicht mehr gibt. Schnell hat man als Sammler die Erfahrung gesammelt, solch alte Materialien durch Befühlen, Untersuchung oder Geruch zu erkennen. Jedoch lassen sich alte Originale durchaus »aufbessern«, sei es durch Hinzufügung seltener Epauletten, Achselstücke oder Abzeichen, Änderung der Knöpfe oder Umfärbung. Besonders häufig werden heute Epauletten mit seltenen Namenszügen zusammengebaut, wobei allerdings oft grundlegende Fehler begangen werden, vor allem bei der Kombination mehrerer Namenszüge, der Anordnung der einzelnen Abzeichen oder den Größenverhältnissen.

Schwieriger wird die Erkennung von alten Nachfertigungen. Zu Beginn des 19. Jahrhunderts häuften sich die sog. »Centenarfeiern«, d. h. Feste anläßlich der 100. Geburtstage von Persönlichkeiten, Regimentern oder Königreichen. So ließ Kaiser Wilhelm II. den »Kasseler Fundus« entstehen, wo zahlreiche komplette Uniformen aus Preußens glorreicher Vergangenheit nachgefertigt wurden, um Feiern wie den 200. Geburtstag König Friedrich des Großen, den 100. Jahrestag der Völkerschlacht bei Leipzig oder den 150. Jahrestag der Schlacht von Hohenfriedeberg würdig mit Paraden in historischen Uniformen begehen zu können. Auch in Sachsen, Bayern und Württemberg wurden 1906 zahlreiche »Centenaruniformen« zur 100-Jahr-Feier der Königreiche angefertigt.

Die Qualität dieser Neuanfertigungen von Helmen und Uniformen war ausgesprochen gut, es wurde hier neben anderen der bekannte Uniformkundler Professor Richard Knötel mit den entsprechenden Arbeiten beauftragt. Vor allem war nicht nur das Aussehen der Nachfertigungen den alten Vorbildern entsprechend, sondern auch die Qualität der verwendeten Materialien wie auch das Aussehen der (handgenähten) Nähte an den Uniformen. Es gehört eine große Erfahrung dazu, diese Centenaruniformen- und Helme von den (grundsätzlich ausgesprochen seltenen!) Originalen des 18. und frühen 19. Jahrhunderts zu unterscheiden. Feldbindenschlösser und Koppelschlösser sind, da aus Metall, ebenfalls leicht zu fälschende Objekte.

Besonderes Augenmerk sollte auf die Materialkunde ganz allgemein gelegt werden. Die Qualität der Materialien, vor allem bei Offiziersstücken, ist eine entscheidende Hilfe bei der Erkennung von Fälschungen; es ist zu achten auf die Feinheit der Prägung, der Verarbeitung, der Vergoldung oder Versilberung wie auch auf die Ausführung von Stickereien oder Nähten. Je hochgestellter der Träger einer Uniform, desto feiner und aufwendiger wird die Anfertigungsqualität seiner Bekleidung sein. Erfahrung schärft hier in jedem Falle den Blick.

Je älter ein Helm oder eine Uniform ist, desto deutlicher werden auch die Altersspuren. Diese lassen sich zwar durch Reinigen oft beseitigen, jedoch wird man nach wie vor erkennen können, daß altes Metall wie Messing oder Silber spröde, fast gläsern und zerbrechlich wird. Altes Metall ist durch häufiges Putzen nicht mehr scharfkantig, die Kanten sind nicht mehr scharf und exakt, vor allem bei Buntmetallen und bei Mannschaftsstücken. Heute ist

man mehr denn je von übertriebenem Putzen abgekommen, eine normale Patina stört kaum den Gesamteindruck des Stückes, gibt jedoch oft die letzte Sicherheit für die Originalität. Uniformen und Ausrüstungsstücke aus Tuch sind naturgemäß mehr oder weniger verschmutzt oder gedunkelt, vor allem die Stickereien. Eine sachgemäß durchgeführte, schonende chemische Reinigung (im Wäschesack) ist immer noch die schonendste Behandlung; eine Wäsche mit modernen Waschmitteln oder gar die Verwendung einer Waschmaschine ist nicht zu empfehlen, da die früher verwendeten Farben nicht beständig sind. (Beispiel für unsachgemäße Reinigung sind die zahllosen ausgewaschenen Unteroffizierslanzenflaggen, deren Wappenaufdruck nahezu verschwunden ist oder die schlaffen Kragen der Uniformen, deren Steifeinlagen durch falsche Reinigung zestört wurden).
Nur der Laie läßt sich von einem in allen Teilen blitzenden Lederhelm beeindrucken, bei dem alle Beschläge bis in die Ritzen auf Hochglanz poliert sind. Die Helmwappen der Kopfbedeckungen waren matt vergoldet oder versilbert, es wurden nur die erhabenen Kanten poliert; und so entstand der heute noch außergewöhnlich »wertvolle« Effekt. Sind solche Beschläge verschmutzt oder gedunkelt, sollten sie nur mit Salmiak, Zitrone oder Münztauchbad gereinigt, keinesfalls mit einem Autostoßstangenpoliermittel geschrubbt werden! Glatte Beschläge wie Schuppenketten, Helmkreuzblätter oder Einfassungsschienen können schonend »poliert« werden, jedoch lieber etwas zu wenig als zuviel. Heutzutage werden oft Kopfbedeckungen angeboten, deren Beschläge in übertriebener Weise nachvergoldet oder neu versilbert sind, mit dem Prädikat »frostig« ist alles ausgedrückt, was dazu überhaupt zu sagen ist, so sah ein Helm vor 1918 nie aus.
Die Zeiten der »Alten Armee« sind nun fast 70 Jahre vergangen, es leben so gut wie keine Offiziere dieser Zeit mehr, auch Mannschaften, die noch im Ersten Weltkriege gefochten oder gar im Frieden vor 1914 gedient haben, werden immer weniger. Es gilt, die Zeugnisse der Militärgeschichte zu erhalten und deren vorschriftsmäßiges Aussehen für die Zukunft zu erhalten.

Originalkartons- und Koffer zur Aufbewahrung von Helmen und Effekten, vor 1918.

Liste aller Regimenter und selbständigen Bataillone der Alten Armee

nach dem letzten Friedensstand 1914, unter Angabe der Regiments-Benennung, des Errichtungsjahres, des Standortes (I., II., III. bedeutet I. Bataillon, I. Batterie usw.) sowie der Armeekorps-Zugehörigkeit.

Bei denjenigen Regimentern, die durch Militärkonvention oder Annektierung in die preußische Armee aufgenommen wurden, ist die ehemalige landsmannschaftliche Herkunft durch die beigesetzten Benennungen erkennbar. Die Schreibweise mit teils in Klammern gesetzten Begriffen entspricht der offiziellen Schreibweise vor 1918.

Aus der Armeekorps-Zugehörigkeit ergibt sich bei der Linien-Infanterie die Farbe der Achselklappen sowie der Farbvorstoß um die 3 Außenkanten der Ärmelpatten:

Armeekorps	Achselklappen	Pattenvorstoß
I.	weiß	weiß
II.	weiß	—
III.	rot	weiß
IV.	rot	—
V.	gelb	weiß
VI.	gelb	—
VII.	hellblau	weiß
VIII.	hellblau	—
IX.	weiß	gelb
X.	weiß	hellblau
XI.	rot	gelb
XV.	rot	hellblau
XVI.	gelb	gelb
XVII.	gelb u.a.	hellblau
XVIII.	hellblau	gelb
XX.	hellblau	hellblau
XXI.	hellgrün	weiß

Die folgenden Armee-Korps waren nicht preußisch und hatten z. T. besondere Aufschläge und Abzeichen:

XII	Sachsen
XIII	Württemberg
XIV	Baden
XIX	Sachsen

Die Folge, besonders im preußischen Garde-Korps, entspricht nicht unbedingt der Ziffernfolge, sondern der in der Rangliste zugeordneten Rangfolge eines Regiments.
Da sich alle Bundesstaaten außer Bayern in die allgemeine Numerierung einreihten, wird diese Ordnung beibehalten. Die bayerischen Armee-Korps sowie Regimenter werden am Schluß in ihrer eigenen Numerierung genannt.

Infanterie

Regiments-Name	Errichtungsjahr	Standort	Armee-Korps
1. Garde-Regt. zu Fuß	1688	Potsdam	Garde-K.
2. Garde-Regt. zu Fuß	1813	Berlin	Garde-K.
Kaiser Alexander Garde-Grenadier-Regt. Nr. 1	1814	Berlin	Garde-K.
Kaiser Franz Garde-Grenadier-Regt. Nr. 2	1814	Berlin	Garde-K.
Garde-Füsilier-Regt.	1826	Berlin	Garde-K.
3. Garde-Regt. zu Fuß	1860	Berlin	Garde-K.
4. Garde-Regt. zu Fuß	1860	Berlin	Garde-K.
Königin Elisabeth Garde-Grenadier-Regt. Nr. 3	1860	Charlottenburg	Garde-K.
Königin Augusta Garde-Grenadier-Regt. Nr. 4	1860	Berlin	Garde-K.
5. Garde-Regt. zu Fuß	1897	Spandau	Garde-K.
Garde-Grenadier-Regt. Nr. 5	1897	Spandau	Garde-K.
Lehr-Infanterie-Bataillon	1819	Potsdam	Garde-K.
Grenadier-Regt. Kronprinz (1. Ostpreuß.) Nr. 1	1655	Königsberg i. Pr.	I. AK
Grenadier-Regt. König Friedrich Wilhelm IV. (1. Pommersches) Nr. 2	1679	Stettin	II. AK
Grenadier-Regt. König Friedrich Wilhelm I. (2. Ostpreußisches) Nr. 3	1685	Königsberg i. Pr.	I. AK
Grenadier-Regt. König Friedrich der Große (3. Ostpreußisches) Nr. 4	1626	Rastenburg	I. AK
Grenadier-Regt. König Friedrich I. (4. Ostpreußisches) Nr. 5	1689	Danzig	XVII. AK
Grenadier-Regt. Graf Kleist v. Nollendorf (1. Westpreußisches) Nr. 6	1772	Posen	V. AK
Grenadier-Regt. König Wilhelm I. (2. Westpreußisches) Nr. 7	1797	Liegnitz	V. AK
Leib-Grenadier-Regt. König Friedrich Wilhelm III. (1. Brandenburgisches) Nr. 8	1808	Frankfurt a. O.	III. AK
Colbergsches Grenadier-Regt. Graf Gneisenau (2. Pommersches) Nr. 9	1808	Stargard i. P.	II. AK
Grenadier-Regt. König Friedrich Wilhelm II. (1. Schlesisches) Nr. 10	1808	Schweidnitz	VI. AK
Grenadier-Regt. König Friedrich III. (2. Schlesisches) Nr. 11	1808	Breslau	VI. AK
Grenadier-Regt. Prinz Carl von Preußen (2. Brandenburgisches) Nr. 12	1813	Frankfurt a. O.	III. AK
Infanterie-Regt. Herwarth v. Bittenfeld (1. Westfälisches) Nr. 13	1813	Münster	VII. AK
Inf.-Regt. Graf Schwerin (3. Pommersches) Nr. 14	1813	Bromberg	II. AK
Inf.-Regt. Prinz Friedrich der Niederlande (2.Westfälisches) Nr. 15	1813	Minden	VII. AK
Inf.-Regt. Freiherr von Sparr (3. Westfälisches) Nr. 16	1813	Köln	VII. AK
Inf.-Regt. Graf Barfuß (4. Westfälisches) Nr. 17	1813	Mörchingen	XXI. AK
Inf.-Regt. von Grolman (1. Posensches) Nr. 18	1813	Osterode	XX. AK
Inf.-Regt. von Coubière (2. Posensches) Nr. 19	1813	Görlitz, II. Lauban	V. AK
Inf.-Regt. Graf Tauentzien von Wittenberg (3. Brandenburgisches) Nr. 20	1813	Wittenberg	III. AK
Inf.-Regt. von Borcke (4. Pommersches) Nr. 21	1813	Thorn	XVII. AK
Inf.-Regt. Keith (1. Oberschlesisches) Nr. 22	1813	Gleiwitz, III. Kattowitz	VI. AK
Inf.-Regt. von Winterfeldt (2. Oberschlesisches) Nr. 23	1813	Neiße	VI. AK
Inf.-Regt. Großherzog Friedrich Franz II. von Mecklenburg-Schwerin (4. Brandenburgisches) Nr. 24	1813	Neu-Ruppin	III. AK
Inf.-Regt. von Lützow (1. Rheinisches) Nr. 25	1813	Aachen	VIII. AK

Regiments-Name	Errichtungsjahr	Standort	Armee-Korps
Inf.-Regt. Fürst Leopold von Anhalt-Dessau (1. Magdeburgisches) Nr. 26	1813	Magdeburg	IV. AK
Inf.-Regt. Prinz Louis Ferdinand von Preußen (2. Magdeburgisches) Nr. 27	1815	Halberstadt	IV. AK
Inf.-Regt. von Goeben (2. Rheinisches) Nr. 28	1813	Ehrenbreitstein, I, II. Koblenz	VIII. AK.
Inf.-Regt. von Horn (3. Rheinisches) Nr. 29	1813	Trier	VIII. AK
Inf.-Regt. Graf Werder (4. Rheinisches) Nr. 30	1812	Saarlouis	XVI. AK
Inf.-Regt. Graf Bose (1. Thüringisches) Nr. 31	1812	Altona	IX. AK
2. Thüringisches Inf.-Regt. Nr. 32	1815	Meiningen	XI. AK
Füsilier-Regt. Graf Roon (Ostpreußisches) Nr. 33	1749	Gumbinnen	I. AK
Füsilier-Regt. Königin Viktoria von Schweden (Pommersches) Nr. 34	1720	Stettin, III. Swinemünde	II. AK
Füsilier-Regt. Prinz Heinrich von Preußen (Brandenburgisches) Nr. 35	1815	Brandenburg a. H.	III. AK
Füsilier-Regt. General-Feldmarschall Graf Blumenthal (Magdeburgisches) Nr. 36	1815	Halle a. S., II. Bernburg	IV. AK
Füsilier-Regt. von Steinmetz (Westpreußisches) Nr. 37	1818	Krotoschin	V. AK
Füsilier-Regt. General-Feldmarschall Graf Moltke (Schlesisches) Nr. 38	1818	Glatz	VI. AK
Niederrheinisches Füsilier-Regt. Nr. 39	1818	Düsseldorf	VII. AK
Füsilier-Regt. Fürst Karl-Anton von Hohenzollern (Hohenzollernsches) Nr. 40	1818	Rastatt	XIV. AK
Inf.-Regt. von Boyen (5. Ostpreußisches) Nr. 41	1860	Tilsit, III. Memel	I. AK
Inf.-Regt. Prinz Moritz von Anhalt-Dessau (5. Pommersches) Nr. 42	1860	Stralsund, III. Greifswald	II. AK
Inf.-Regt. Herzog Karl von Mecklenburg-Strelitz (6. Ostpreußisches) Nr. 43	1860	Königsberg i.Pr., II. Pillau	I. AK
Inf.-Regt. Graf Dönhoff (7. Ostpreußisches) Nr. 44	1860	Goldap	I. AK
8. Ostpreußisches Inf.-Regt. Nr. 45	1860	Insterburg I. Darkehmen	I. AK
Inf.-Regt. Graf Kirchbach (1. Niederschlesisches) Nr. 46	1860	Posen, III. Wreschen	V. AK
Inf.-Regt. König Ludwig III. v. Bayern (2. Niederschlesisches) Nr. 47	1860	Posen, II. Schrimm	V. AK
Inf.-Regt. v. Stülpnagel (5. Brandenburgisches) Nr. 48	1860	Cüstrin	III. AK
6. Pommersches Inf.-Regt. Nr. 49	1860	Gnesen	II. AK
3. Niederschlesisches Inf.-Regt. Nr. 50	1860	Rawitsch, III. Lissa, Breslau	V. AK
4. Niederschlesisches Inf.-Regt. Nr. 51	1860	Breslau	VI. AK
Inf.-Regt. von Alvensleben (6. Brandenburgisches) Nr. 52	1860	Cottbus, I. Crossen	III. AK
5. Westfälisches Inf.-Regt. Nr. 53	1860	Köln	VII. AK
Inf.-Regt. von der Goltz (7. Pommersches) Nr. 54	1860	Kolberg, III. Köslin	II. AK
Inf.-Regt. Graf Bülow von Dennewitz (6. Westfälisches) Nr. 55	1860	Detmold, I. Höxter II. Bielefeld	VII. AK
Inf.-Regt. Vogel von Falckenstein (7. Westfälisches) Nr. 56	1860	Wesel, III. Cleve	VII. AK
Inf-Regt. Herzog Ferdinand von Braunschweig (8. Westfälisches) Nr. 57	1860	Wesel	VII. AK
3. Posensches Inf.-Regt. Nr. 58	1860	Glogau, III. Fraustadt	V. AK

Regiments-Name	Errich-tungsjahr	Standort	Armee-Korps
Inf.-Regt. Freiherr Hiller von Gaertringen (4. Posensches) Nr. 59	1860	Deutsch-Eylau, II. Soldau	XX. AK
Inf.-Regt. Markgraf Karl (7. Brandenburgisches) Nr. 60	1860	Weißenburg	XXI. AK
Inf.-Regt. von der Marwitz (8. Pommersches) Nr. 61	1860	Thorn	XVII. AK
3. Oberschlesisches Inf.-Regt. Nr. 62	1860	Cosel, III. Ratibor	VI. AK
4. Oberschlesisches Inf.-Regt. Nr. 63	1860	Oppeln, III. Lublinitz	VI. AK
Inf.-Regt. General-Feldmarschall Prinz Friedrich Karl von Preußen (8. Brandenburgisches) Nr. 64	1860	Prenzlau, III. Angermünde	III. AK
5. Rheinisches Inf.-Regt. Nr. 65	1860	Köln	VIII. AK
3. Magdeburgisches Inf.-Regt. Nr. 66	1860	Magdeburg	IV. AK
4. Magdeburgisches Inf.-Regt. Nr. 67	1860	Metz	XVI. AK
6. Rheinisches Inf.-Regt. Nr. 68	1860	Coblenz	VIII. AK
7. Rheinisches Inf.-Regt. Nr. 69	1860	Trier	VIII. AK
8. Rheinisches Inf.-Regt. Nr. 70	1860	Saarbrücken	XXI. AK
3. Thüringisches Inf.-Regt. Nr. 71	1860	Erfurt, I. Sondershausen	XI. AK
4. Thüringisches Inf.-Regt. Nr. 72	1860	Torgau, III. Eilenburg	IV. AK
Füsilier-Regt. General-Feldmarschall Prinz Albrecht von Preußen (Hannoversches) Nr. 73	1803	Hannover	X. AK
1. Hannoversches Inf.-Regt. Nr. 74	1813	Hannover	X. AK
Inf.-Regt. Bremen (1. Hanseatisches) Nr. 75	1866	Bremen, III. Stade	IX. AK
Inf.Regt. Hamburg (2. Hanseatisches) Nr. 76	1866	Hamburg	IX. AK
2. Hannoversches Inf.-Regt. Nr. 77	1813	Celle	X. AK
Inf.-Regt. Herzog Friedrich Wilhelm von Braunschweig (Ostfriesisches) Nr. 78	1813	Osnabrück, III. Aurich	X. AK
Inf.-Regt. von Voigts-Rhetz (3. Hannoversches) Nr. 79	1838	Hildesheim	X. AK
Füsilier-Regt. von Gerdsdorff (Kurhessisches) Nr. 80	1813	Wiesbaden, III. Homburg	XVIII. AK
Inf.-Regt. Landgraf Friedrich I. von Hessen-Cassel (1. Kurhessisches) Nr. 81	1813	Frankfurt a. M.	XVIII. AK
2. Kurhessisches Inf.-Regt. Nr. 82	1813	Göttingen	XI. AK
Inf.-Regt. von Wittich (3. Kurhessisches) Nr. 83	1813	Cassel, III. Arolsen	XI. AK
Inf.-Regt. von Manstein (Schleswigsches) Nr. 84	1866	Schleswig, II. Hadersleben	IX. AK
Inf.-Regt. Herzog von Holstein (Holsteinsches) Nr. 85	1866	Rendsburg, III. Kiel	IX. AK
Füsilier-Regt. Königin (Schleswig-Holsteinsches) Nr. 86	1866	Flensburg, III. Sonderburg	IX. AK
1. Nassauisches Inf.-Regt. Nr. 87	1809	Mainz	XVIII. AK
2. Nassauisches Inf.-Regt. Nr. 88	1808	Mainz, II. Hanau	XVIII. AK
Großherzogl. Mecklenburgisches Grenadier-Regt. Nr. 89	1782	Schwerin, II. Neustrelitz	IX. AK
Großherzogl. Mecklenburgisches Füsilier-Regt. Nr. 90 Kaiser Wilhelm	1788	Rostock, II. Wismar	IX. AK
Oldenburgisches Inf.-Regt. Nr. 91	1813	Oldenburg	X. AK
Braunschweigisches Inf.-Regt. Nr. 92	1809	Braunschweig	X. AK

Regiments-Name	Errichtungsjahr	Standort	Armee-Korps
Anhaltisches Inf.-Regt. Nr. 93	1807	Dessau, II. Zerbst	IV. AK
Inf.-Regt. Großherzog von Sachsen (5. Thüringisches) Nr. 94	1762	Weimar, II. Eisenach, III. Jena	XI. AK
6. Thüringisches Inf.-Regt. Nr. 95	1807	Gotha, II. Hildburghausen III. Coburg	XI. AK
7. Thüringisches Inf.-Regt. Nr. 96	1702/ I. 1897	I. u. II. Gera III. Rudolstadt	XI. AK
1. Oberrheinisches Inf.-Regt. Nr. 97	1881	Saarburg	XXI. AK
Metzer Inf.-Regt. Nr. 98	1881	Metz	XVI. AK
2. Oberrheinisches Inf.-Regt. Nr. 99	1881	Zabern, III. Pfalzburg	XV. AK
Königl. Sächs. 1. (Leib-)Grenadier-Regt. Nr. 100	1670	Dresden	XII. AK
Königl. Sächs. 2. Grenadier-Regt. Nr. 101 Kaiser Wilhelm, König von Preußen	1670	Dresden	XII. AK
Königl. Sächs. 3. Inf.-Regt. Nr. 102 König Ludwig III. von Bayern	1709	Zittau	XII. AK
Königl. Sächs. 4. Inf.-Regt. Nr. 103	1709	Bautzen	XII. AK
Königl. Sächs. 5. Inf.-Regt. Kronprinz Nr. 104	1701	Chemnitz	XIX. AK
Königl. Sächs. 6. Inf.-Regt. Nr. 105 König Wilhelm II. von Württemberg	1701	Straßburg i. E.	XIX. AK
Königl. Sächs. 7. Inf.-Regt. König Georg Nr. 106	1708	Leipzig	XIX. AK
Königl. Sächs. 8. Inf.-Regt. Prinz Johann Georg Nr. 107	1708	Leipzig	XIX. AK
Königl. Sächs. Schützen-(Füsilier-)Regt. Prinz Georg Nr. 108	1809	Dresden	XII. AK
1. Badisches Leib-Grenadier-Regt. Nr. 109	1803	Karlsruhe	XIV. AK
2. Badisches Grenadier-Regt. Kaiser Wilhelm I. Nr. 110	1852	Mannheim, II. Heidelberg	XIV. AK
Inf.-Regt. Markgraf Ludwig Wilhelm (3. Badisches) Nr. 111	1852	Rastatt	XIV. AK
4. Badisches Inf.-Regt. Prinz Wilhelm Nr. 112	1852	Mülhausen i. E.	XIV. AK
5. Badisches Inf.-Regt. Nr. 113	1861	Freiburg i. B.	XIV. AK
6. Badisches Inf.-Regt. Kaiser Friedrich III. Nr. 114	1867	Konstanz, Wachtkommando Burg Hohenzollern	XIV. AK
Leibgarde-Inf.-Regt. (1. Großherzogl. Hessisches) Nr. 115	1621	Darmstadt	XVIII. AK
Inf.-Regt. Kaiser Wilhelm (2. Großherzogl. Hess.) Nr. 116	1813	Gießen	XVIII. AK
Inf.-Leibregt. Großherzogin (3. Großherzogl. Hess.) Nr. 117	1697	Mainz	XVIII. AK
Inf.-Regt. Prinz Carl (4. Großherzogl. Hess.) Nr. 118	1791	Worms	XVIII. AK
Grenadier-Regt. Königin Olga (1. Württembergisches) Nr. 119	1673	Stuttgart	XIII. AK
Inf.-Regt. Kaiser Wilhelm, König von Preußen (2. Württembergisches) Nr. 120	1673	Ulm	XIII. AK
Inf.-Regt. Alt-Württemberg (3. Württ.) Nr. 121	1716	Ludwigsburg	XIII. AK
Füsilier-Regt. Kaiser Franz Joseph von Österreich, König von Ungarn (4. Württ.) Nr. 122	1806	Heilbronn, II. Mergentheim	XIII. AK
Grenadier-Regt. König Karl (5. Württ.) Nr. 123	1799	Ulm	XIII. AK
Inf.-Regt. König Wilhelm I. (6. Württ.) Nr. 124	1673	Weingarten	XIII. AK
Inf.-Regt. Kaiser Friedrich, König von Preußen (Württ.) Nr. 125	1809	Stuttgart	XIII. AK

Regiments-Name	Errichtungsjahr	Standort	Armee-Korps
8. Württ. Inf.-Regt. Nr. 126 Großherzog Friedrich von Baden	1716	Straßburg i. E.	XIII. AK
9. Württ. Inf.-Regt. Nr. 127	1897	Ulm-Wiblingen	XIII. AK
Danziger Inf.-Regt. Nr. 128	1881	Danzig, III. Neufahrwasser	XVII. AK
3. Westpreuß. Inf.-Regt. Nr. 129	1881	Graudenz	XVII. AK
1. Lothringisches Inf.-Regt. Nr. 130	1881	Metz	XVI. AK
2. Lothringisches Inf.-Regt. Nr. 131	1881	Mörchingen	XXI. AK
1. Unter-Elsässisches Inf.-Regt. Nr. 132	1881	Straßburg i. E.	XV. AK
Königl. Sächs. 9. Inf.-Regt. Nr. 133	1881	Zwickau	XIX. AK
Königl. Sächs. 10. Inf.-Regt. Nr. 134	1881	Plauen	XIX. AK
3. Lothringisches Inf.-Regt. Nr. 135	1887	Diedenhofen	XVI. AK
4. Lothringisches Inf.-Regt. Nr. 136	1887	Straßburg i. E.	XV. AK
2. Unter-Elsässisches Inf.-Regt. Nr. 137	1887	Hagenau	XXI. AK
3. Unter-Elsässisches Inf.-Regt. Nr. 138	1887	Dieuze	XXI. AK
Königl. Sächs. 11. Inf.-Regt. Nr. 139	1887	Döbeln	XIX. AK
4. Westpreußisches Inf.-Regt. Nr. 140	1890	Hohensalza	II. AK
Kulmer Inf.-Regt. Nr. 141	1890	Graudenz, III. Straßburg i. Westpr.	XVII. AK
7. Badisches Inf.-Regt. Nr. 142	1890	Mülhausen i. E., II. Müllheim i. Br.	XIV. AK
4. Unter-Elsässisches Inf.-Regt. Nr. 143	1890	Straßburg i. E., III. Mutzig	XV. AK
5. Lothringisches Inf.-Regt. Nr. 144	1890	Metz-Diedenhofen	XVI. AK
Königs-Inf.-Regt. (6. Lothringisches) Nr. 145	1890	Metz	XVI. AK
1. Masurisches Inf.-Regt. Nr. 146	1897	Allenstein	XX. AK
2. Masurisches Inf.-Regt. Nr. 147	1897	Lyck, III. Lötzen	XX. AK
5. Westpreußisches Inf.-Regt. Nr. 148	1897	Elbing-Bromberg, III. Braunsberg	XX. AK
6. Westpreußisches Inf.-Regt. Nr. 149	1897	Schneidemühl, III. Dt. Krone	II. AK
1. Ermländisches Inf.-Regt. Nr. 150	1897	Allenstein	XX. AK
2. Ermländisches Inf.-Regt. Nr. 151	1897	Sensburg, II. Bischofsburg	XX. AK
Deutsch Ordens-Inf.-Regt. Nr. 152	1897	Marienburg III. Stuhm	XX. AK
8. Thüringisches Inf.-Regt. Nr. 153	1807	Altenburg, III. Merseburg	IV. AK
5. Niederschlesisches Inf.-Regt. Nr. 154	1897	Jauer, III. Striegau	V. AK
7. Westpreußisches Inf.-Regt. Nr. 155	1897	Ostrowo, III. Pleschen	V. AK
3. Schlesisches Inf.-Regt. Nr. 156	1897	Beuthen, III. Tarnowitz	VI. AK
4. Schlesisches Inf.-Regt. Nr. 157	1897	Brieg	VI. AK
7. Lothringisches Inf.-Regt. Nr. 158	1897	Paderborn, III. Senne	VII. AK
8. Lothringisches Inf.-Regt. Nr. 159	1897	Mülheim a. d. Ruhr, III. Geldern	VII. AK
9. Rheinisches Inf.-Regt. Nr. 160	1897	Bonn, I. Diez, III. Euskirchen	VIII. AK
10. Rheinisches Inf.-Regt. Nr. 161	1897	Düren, II. Eschweiler, III. Jülich	VIII. AK
Inf.-Regt. Lübeck (3. Hanseatisches) Nr. 162	1897	Lübeck, III. Eutin	IX. AK
Schleswig-Holsteinisches Inf.-Regt. Nr. 163	1897	Neumünster, III. Heide	IX AK

Regiments-Name	Errich-tungsjahr	Standort	Armee-Korps
4. Hannoversches Inf.-Regt. Nr. 164	1813	Hameln, III. Holzminden	X. AK
5. Hannoversches Inf.-Regt. Nr. 165	1813	Quedlinburg, II. Blankenburg	IV. AK
Inf.-Regt. Hessen-Homburg Nr. 166	1897	Bitsch	XXI. AK
1. Ober-Elsässisches Inf.-Regt. Nr. 167	1897	Cassel, III. Mühlhausen i. Th.	XI. AK
5. Großherzogl. Hess. Inf.- Regt. Nr. 168	1897	Offenbach, I. Butzbach, III. Friedberg i. H.	XVIII. AK
8. Badisches Inf.-Regt. Nr. 169	1897	Lahr, III. Villingen	XIV. AK
9. Badisches Inf.-Regt. Nr. 170	1897	Offenburg, III. Donaueschingen	XIV. AK
2. Ober-Elsässisches Inf.-Regt. Nr. 171	1897	Colmar i. E.	XV. AK
3. Ober-Elsässisches Inf.-Regt. Nr. 172	1897	Neubreisach	XV. AK
9. Lothringisches Inf.-Regt. Nr. 173	1897	Avold, III. Metz	XVI. AK
10. Lothringisches Inf.-Regt. Nr. 174	1897	Forbach, III. Straßburg i. E.	XXI. AK
8. Westpreußisches Inf.-Regt. Nr. 175	1897	Graudenz, III. Schwetz	XVII. AK
9. Westpreußisches Inf.-Regt. Nr. 176	1897	Kulm, II. Thorn	XVII. AK
Königl. Sächs. 12. Inf.-Regt. Nr. 177	1897	Dresden	XII. AK
Königl. Sächs. 13. Inf.-Regt. Nr. 178	1897	Kamenz	XII. AK
Königl. Sächs. 14. Inf.Regt. Nr. 179	1897	Wurzen-Leisnig	XIX. AK
10. Württ. Inf.-Regt. Nr. 180	1897	Tübingen, II. Gmünd	XIII. AK
Königl. Sächs. 15. Inf.-Regt. Nr. 181	1887	Chemnitz, III. Glauchau	XIX. AK
Königl. Sächs. 16. Inf.-Regt. Nr. 182	1912	Freiberg	XII. AK

Jäger und Schützen

Garde-Jäger-Bataillon	1744	Potsdam	Garde-K.
Garde-Schützen-Bataillon	1814	Berlin-Lichterfelde	Garde-K.
Jäger-Batl. Graf Yorck von Wartenburg (Ostpreußisches) Nr. 1	1744	Ortelsburg	XX. AK
Jäger-Batl. Fürst Bismarck (Pommersches) Nr. 2	1744	Kulm	XVII. AK
Brandenburgisches Jäger-Batl. Nr. 3	1815	Lübben	III. AK
Magdeburgisches Jäger-Batl. Nr. 4	1815	Naumburg a. S.	IV. AK
Jäger-Batl. von Neumann (1. Schlesisches) Nr. 5	1808	Hirschberg	V. AK
2. Schlesisches Jäger-Batl. Nr. 6	1808	Öls	VI. AK
Westfälisches Jäger-Batl. Nr. 7	1815	Bückeburg	VII. AK
Rheinisches Jäger-Batl. Nr. 8	1815	Schlettstadt	XV. AK
Lauenburgisches Jäger-Batl. Nr. 9	1866	Ratzeburg	IX. AK
Hannoversches Jäger-Batl. Nr. 10	1803	Goslar	X. AK
Kurhessisches Jäger-Batl. Nr. 11	1813	Marburg	XI. AK
Königl. Sächs. 1. Jäger-Batl. Nr. 12	1809	Freiberg	XII. AK
Königl. Sächs. 2. Jäger-Batl. Nr. 13	1809	Dresden	XII. AK
Großherzogl. Mecklenburg. Jäger-Batl. Nr. 14	1821	Colmar i. E.	XV. AK

Maschinengewehr-Abteilungen

Garde-MG.-Abtlg. Nr. 1	1901	Potsdam	Garde-K.
Garde-MG.-Abtlg. Nr. 2	1902	Berlin	Garde-K.

Regiments-Name	Errichtungsjahr	Standort	Armee-Korps
MG-Abtlg. Nr. 1	1900	Breslau	VI. AK
MG-Abtlg. Nr. 2	1901	Trier	VIII. AK
MG-Abtlg. Nr. 3	1902	Saarburg	XXI. AK
MG-Abtlg. Nr. 4	1901	Thorn	XVII. AK
MG-Abtlg. Nr. 5	1902	Insterburg	I. AK
MG-Abtlg. Nr. 6	1904	Metz	XI. AK
MG-Abtlg. Nr. 7	1900	Paderborn	VII. AK
MG-Abtlg. Nr. 8 (Königl. Sächs.)	1903	Leipzig	XIX. AK
Festungs-MG.-Abtlg. Nr. 1	1913	Königsberg i. Pr.	I. AK
Festungs-MG.-Abtlg. Nr. 2	1913	Feste Boyen	XX. AK
Festungs-MG.-Abtlg. Nr. 3	1913	Graudenz	XVII. AK
Festungs-MG.-Abtlg. Nr. 4	1913	Graudenz	XVII. AK
Festungs-MG.-Abtlg. Nr. 5	1913	Thorn	XVII. AK
Festungs-MG.-Abtlg. Nr. 6	1913	Posen	V. AK
Festungs-MG.-Abtlg. Nr. 7	1913	Köln	VIII. AK
Festungs-MG.-Abtlg. Nr. 8	1913	Mainz	XVIII. AK
Festungs-MG.-Abtlg. Nr. 9	1913	Straßburg i. E.	XV. AK
Festungs-MG.-Abtlg. Nr. 10	1913	Mutzig	XV. AK
Festungs-MG.-Abtlg. Nr. 11	1913	Diedenhofen	XVI. AK
Festungs-MG.-Abtlg. Nr. 12	1913	Metz	XVI. AK
Festungs-MG.-Abtlg. Nr. 13	1913	Metz	XVI. AK
Festungs-MG.-Abtlg. Nr. 14	1913	Metz	XVI. AK
Festungs-MG.-Abtlg. Nr. 15	1913	Metz	XVI. AK

Kavallerie
1. Kürassiere

Regt. der Gardes du Corps	1740	Potsdam	Garde-K.
Garde-Kürassier-Regt.	1815	Berlin	Garde-K.
Leib-Kürassier-Regt. Großer Kurfürst (Schlesisches) Nr. 1	1674	Breslau	VI. AK
Kürassier-Regt. Königin (Pommersches) Nr. 2	1717	Pasewalk	II. AK
Kürassier-Regt. Graf Wrangel (Ostpreußisches) Nr. 3	1717	Königsberg i. Pr.	I. AK
Kürassier-Regt. von Driesen (Westfälisches) Nr. 4	1717	Münster	VII. AK
Kürassier-Regt. Herzog Friedrich Eugen von Württemberg (Westpreuß.) Nr. 5	1717	Riesenburg, II. Rosenberg, III. Deutsch-Eylau	XX. AK
Kürassier-Regt. Kaiser Nikolaus I. von Rußland (Brandenburgisches) Nr. 6	1691	Brandenburg a. H.	III. AK
Kürassier-Regt. von Seydlitz (Magdeburgisches) Nr. 7	1815	I. Quedlinburg, II. - V. Halberstadt	IV. AK
Kürassier-Regt. Graf Geßler (Rheinisches) Nr. 8	1815	Deutz	VIII. AK
Königl. Sächs. Garde-Reiter-Regt. (1. Schweres Regt.)	1680	Dresden	XII. AK
Königl. Sächs. Karabinier-Regt. (2. Schweres Regt.)	1849	Borna (Bez. Leipzig)	XIX. AK

		2. Dragoner		**Kragen und Aufschlag**
1. Garde-Dragoner-Regt. Königin Viktoria von Großbritannien und Irland	1815	Berlin	Garde-K.	rot
2. Garde-Dragoner-Regt. Kaiserin Alexandra von Rußland	1860	Berlin	Garde-K.	rot

Regiments-Name	Errichtungsjahr	Standort	Armee-Korps	Kragen und Aufschlag
Dragoner-Regt. Prinz Albrecht von Preußen (Litthauisches) Nr. 1	1717	Tilsit	I. AK	rot
1. Brandenburgisches Dragoner-Regt. Nr. 2	1689	Schwedt a. O.	III. AK	schwarz
Grenadier-Regt. zu Pferde Freiherr von Derfflinger (Neumärkisches) Nr. 3	1704	Bromberg	II. AK	rosa
Dragoner-Regt. von Bredow (1.Schlesisches) Nr. 4	1815	Lüben	V. AK	gelb
Dragoner-Regt. Freiherr v. Manteuffel (Rheinisches) Nr. 5	1860	Hofgeismar	XI. AK	rot
Magdeburgisches Dragoner-Regt. Nr. 6	1860	Mainz	XVIII. AK	schwarz
Westfälisches Dragoner-Regt. Nr. 7	1860	Saarbrücken	XXI. AK	rosa
Dragoner-Regt. König Friedrich III. (2. Schlesisches) Nr. 8	1860	Kreuzburg/-Bernstadt/-Namslau	VI. AK	gelb
Dragoner-Regt. König Carl I. von Rumänien (1. Hannoversches) Nr. 9	1805	Metz	XVI. AK	weiß
Dragoner-Regt. König Albert von Sachsen (Ostpreußisches) Nr. 10	1866	Allenstein	XX. AK	weiß
Dragoner-Regt. von Wedel (Pommersches) Nr. 11	1866	Lyck	XX. AK	karmoisin
Dragoner-Regt. von Arnim (2. Brandenburg.) Nr. 12	1866	Gnesen	II. AK	karmoisin
Schleswig-Holsteinisches Dragoner-Regt. Nr. 13	1866	Metz	XVI. AK	rot
Kurmärkisches Dragoner-Regt. Nr. 14	1866	Colmar i. E.	XV. AK	schwarz
3. Schlesisches Dragoner-Regt. Nr. 15	1866	Hagenau	XV. AK	rosa
2. Hannoversches Dragoner-Regt. Nr. 16	1813	Lüneburg	X. AK	gelb
1. Großherzogl. Mecklenburg. Dragoner-Regt. Nr. 17	1819	Ludwigslust	IX. AK	rot
2. Großherzogl. Mecklenburg. Dragoner-Regt. Nr. 18	1867	Parchim	IX. AK	schwarz
Oldenburgisches Dragoner-Regt. Nr. 19	1849	Oldenburg	X. AK	schwarz
1. Badisches Leib-Dragoner-Regt. Nr. 20	1803	Karlsruhe	XIV. AK	rot
2. Badisches Dragoner-Regt. Nr. 21	1850	Bruchsal-Schwetzingen	XIV. AK	gelb
3. Badisches Dragoner-Regt. Prinz Karl Nr. 22	1850	Mülhausen i. E.	XIV. AK	schwarz
Garde-Dragoner-Regt. (1. Großherzogl. Hess.) Nr. 23	1790	Darmstadt	XVIII. AK	rot
Leib-Dragoner-Regt. (2. Großherzogl. Hess.) Nr. 24	1859	Darmstadt	XVIII. AK	weiß
Dragoner-Regt. Königin Olga (1. Württ.) Nr. 25	1813	Ludwigsburg	XIII. AK	weiß
Dragoner-Regt. König (2. Württ.) Nr. 26	1805	Stuttgart (Cannstatt)	XIII. AK	gelb

3. Husaren

				Attila
Leib-Garde-Husaren-Regiment	1815	Potsdam	Garde-K.	rot
1. Leib-Husaren-Regt. Nr. 1	1741	Danzig-Langfuhr	XVII. AK	schwarz
2. Leib-Husaren-Regt. Königin Victoria von Preußen Nr. 2	1741	Danzig-Langfuhr	XVII. AK	schwarz
Husaren-Regt. von Zieten (Brandenburgisches) Nr. 3	1730	Rathenow	III. AK	rot

Regiments-Name	Errichtungsjahr	Standort	Armee-Korps	Attila
Husaren-Regt. von Schill (1. Schlesisches) Nr. 4	1741	Ohlau	VI. AK	braun
Husaren-Regt. Fürst Blücher von Wahlstatt (Pommersches) Nr. 5	1758	Stolp	XVII. AK	krapprot
Husaren-Regt. Graf Goetzen (2. Schlesisches) Nr. 6	1808	Leobschütz, Ratibor	VI. AK	dklgrün
Husaren-Regt. König Wilhelm I. (1. Rheinisches) Nr. 7	1815	Bonn	VIII. AK	russ. blau
Husaren-Regt. Kaiser Nikolaus II. von Rußland (1. Westfälisches) Nr. 8	1815	II. u. V. Paderborn, I., III. u. IV. Neuhaus	VII. AK	dklblau
2. Rheinisches Husaren-Regt. Nr. 9	1815	Straßburg i. E.	XV. AK	kornbl.-blau
Magdeburgisches Husaren-Regt. Nr. 10	1813	Stendal	IV. AK	dklgrün
2. Westfälisches Husaren-Regt. Nr. 11	1813	Crefeld	VII. AK	dklgrün
Thüringisches Husaren-Regt. Nr. 12	1791	Torgau	IV. AK	kornbl.-blau
Husaren-Regt. König Humbert von Italien (1. Kurhessisches) Nr. 13	1813	Diedenhofen	XVI. AK	kornbl.-blau
Husaren-Regt. Landgraf Friedrich II. von Hessen-Homburg (2. Kurhess.) Nr. 14	1813	Cassel	XI. AK	dklblau
Husaren-Regt. Königin Wilhelmina der Niederlande (Hannoversches) Nr. 15	1803	Wandsbek	IX. AK	kornbl.-blau
Husaren-Regt. Kaiser Franz Joseph von Österreich, König von Ungarn (Schleswig-Holsteinisches) Nr. 16	1866	Schleswig	IX. AK	dklblau
Braunschweigisches Husaren-Regt. Nr. 17	1809	Braunschweig	X. AK	schwarz
Königl. Sächs. Husaren-Regt. König Albert Nr. 18	1734	Großenhain	XII. AK	kornbl.-blau
Königl. Sächs. 2. Husaren-Regt. Nr. 19	1791	Grimma	XIX. AK	kornbl.-blau
Königl. Sächs. 3. Husaren-Regt. Nr. 20	1910	Bautzen	XII.AK	feldgrau

4. Ulanen

1. Garde-Ulanen-Regt.	1819	Potsdam	Garde-K.
2. Garde-Ulanen-Regt.	1819	Berlin	Garde-K.
3. Garde-Ulanen-Regt.	1860	Potsdam	Garde-K.
Ulanen-Regt. Kaiser Alexander III. von Rußland (Westpreußisches) Nr. 1	1745	Militsch-Ostrowo	V. AK
Ulanen-Regt. von Katzler (Schlesisches) Nr. 2	1745	Gleiwitz-Pleß	VI. AK
Ulanen-Regt. Kaiser Alexander II. von Rußland (1. Brandenburgisches) Nr. 3	1809	Fürstenwalde	III. A
Ulanen-Regt. von Schmidt (1. Pommersches) Nr. 4	1815	Thorn	XX. AK
Westfälisches Ulanen-Regt. Nr. 5	1815	Düsseldorf	VII. AK
Thüringisches Ulanen-Regt. Nr. 6	1813	Hanau	XVIII. AK
Ulanen-Regt. Großherzog Friedrich von Baden (Rheinisches) Nr. 7	1734	Saarbrücken	XXI. AK
Ulanen-Regt. Graf zu Dohna (Ostpreuß.) Nr. 8	1812	Gumbinnen-Stallupönen	I. AK
2. Pommersches Ulanen-Regt. Nr. 9	1860	Demmin	II. AK
Ulanen-Regt. Prinz August von Württemberg (Posensches) Nr. 10	1860	Züllichau	V. AK
Ulanen-Regt. Graf Haeseler (2. Brandenburgisches) Nr. 11	1860	Saarburg	XXI. AK
Litthauisches Ulanen-Regt. Nr. 12	1860	Insterburg	I. AK
Königs-Ulanen-Regt. (1. Hannoversches) Nr. 13	1803	Hannover	X. AK
2. Hannoversches Ulanen-Regt. Nr. 14	1805	Avold-Mörchingen	XVI. AK
Schleswig-Holsteinisches Ulanen-Regt. Nr. 15	1866	Saarburg	XXI. AK
Ulanen-Regt. Hennigs von Treffenfeld (Altmärkisches) Nr. 16	1866	Salzwedel-Gardelegen	IV. AK
Königl. Sächs. 1. Ulanen-Regt. Nr. 17 Kaiser Franz Joseph von Österreich, König von Ungarn	1867	Oschatz	XII. AK

Regiments-Name	Errichtungsjahr	Standort	Armee-Korps
Königl. Sächs. 2. Ulanen-Regt. Nr. 18	1867	Leipzig	XIX. AK
Ulanen-Regt. König Karl (1. Württ.) Nr. 19	1683	Ulm-Wiblingen	XIII. AK
Ulanen-Regt. König Wilhelm I. (2. Württ.) Nr. 20	1809	Ludwigsburg	XIII. AK
Königl. Sächs. 3. Ulanen-Regt. Nr. 21 Kaiser Wilhelm II., König von Preußen	1905	Chemnitz	XIX. AK

5. Jäger zu Pferde

Regt. König-Jäger zu Pferd Nr. 1	1905	Posen	V. AK
Jäger-Regt. zu Pferd Nr. 2	1905	Langensalza	XI. AK
Jäger-Regt. zu Pferd Nr. 3	1905	Colmar i. E.	XV. AK
Jäger-Regt. zu Pferd Nr. 4	1906	Graudenz	XVII. AK
Jäger-Regt. zu Pferd Nr. 5	1908	Mülhausen i. E.	XIV. AK
Jäger-Regt. zu Pferd Nr. 6	1910	Erfurt	XI. AK
Jäger-Regt. zu Pferd Nr. 7	1913	Trier	VIII. AK
Jäger-Regt. zu Pferd Nr. 8	1913	Trier	VIII. AK
Jäger-Regt. zu Pferd Nr. 9	1913	Insterburg	I.AK
Jäger-Regt. zu Pferd Nr. 10	1913	Angerburg-Goldap	I. AK
Jäger-Regt. zu Pferd Nr. 11	1913	Tarnowitz-Lublinitz	VI. AK
Jäger-Regt. zu Pferd Nr. 12	1913	Avold	XVI. AK
Jäger-Regt. zu Pferd Nr. 13	1913	Saarlouis	XVI. AK

Feldartillerie

1. Garde-Feldartillerie-Regt.	1816	Berlin	Garde-K.
2. Garde-Feldartillerie-Regt.	1872	Potsdam	Garde-K.
3. Garde-Feldartillerie-Regt.	1899	Berlin-Beeskow	Garde-K.
4. Garde-Feldartillerie-Regt.	1899	Potsdam	Garde-K.
Feldartill.-Regt. Prinz August von Preußen (1. Litthauisches) Nr. 1	1772	Gumbinnen-Insterburg	I. AK
1. Pommersches Feldartill.-Regt. Nr. 2	1808	Kolberg-Belgard	II. AK
Feldartill.-Regt. General-Feldzeugmeister (1. Brandenburgisches) Nr. 3	1816	Brandenburg a. H.	III. AK
Feldartill.-Regt. Prinzregent Luitpold von Bayern (Magdeburg.) Nr. 4	1816	Magdeburg	IV. AK
Feldartill.-Regt. von Podbielski (1. Niederschlesisches) Nr. 5	1816	Sprottau-Sagan	V. AK
Feldartill.-Regt. von Peucker (1. Schlesisches) Nr. 6	1808	Breslau	VI. AK
1. Westfäl. Feldartill.-Regt. Nr. 7	1816	Wesel-Düsseldorf	VII. AK
Feldartill.-Regt. von Holtzendorff (1. Rheinisches) Nr. 8	1816	Saarbrücken	XXI. AK
Feldartill.-Regt. General-Feldmarschall Graf Waldersee (Schleswigsches) Nr. 9	1866	Itzehoe	IX. AK
Feldartill.-Regt. von Scharnhorst (1. Hannoversches) Nr. 10	1803	Hannover	X. AK
1. Kurhessisches Feldartill.-Regt. Nr. 11	1813	Cassel-Fritzlar	XI. AK
Königl. Sächs. 1. Feldartill.-Regt. Nr. 12	1620	Dresden-Königsbrück	XII. AK
Feldartill.-Regt. König Karl (1. Württ.) Nr. 13	1736	Ulm-Stuttgart	XIII. AK
Feldartill.-Regt. Großherzog (1. Badisches) Nr. 14	1850	Karlsruhe	XIV. AK
1. Ober-Elsässisches Feldartill.-Regt. Nr. 15	1871	Saarburg-Mörchingen	XXI. AK

Regiments-Name	Errichtungsjahr	Standort	Armee-Korps
1. Ostpreuß. Feldartill.-Regt. Nr. 16	1872	Königsberg i. Pr.	I. AK
2. Pommersches Feldartill.-Regt. Nr. 17	1872	Bromberg	II. AK
Feldartill.-Regt. General-Feldzeugmeister (2. Brandenburgisches) Nr. 18	1872	Frankfurt a. O.	XI. AK
1.Thüringisches Feldartill.-Regt. Nr. 19	1872	Erfurt	XI. AK
1. Posensches Feldartill.-Regt. Nr. 20	1872	Posen	V. AK
Feldartill.-Regt. von Clausewitz (1. Oberschlesisches) Nr. 21	1872	Neiße-Grottkau	VI. AK
2. Westfäl.Feldartill.-Regt. Nr. 22	1872	Münster	VII. AK
2. Rheinisches Feldartill.-Regt. Nr. 23	1872	Coblenz	VIII. AK
Holsteinisches Feldartill.-Regt. Nr. 24	1872	Güstrow-Neustrelitz	IX. AK
Großherzogl. Artilleriekorps, 1. Großherzogl. Hess. Feldartill.-Regt. Nr. 25	1790	Darmstadt	XVIII. AK
2. Hannoversches Feldartill.-Regt. Nr. 26	1872	Verden	X. AK
1. Nassauisches Feldartill.-Regt. Nr. 27	1833	Mainz-Wiesbaden	XVIII. AK
Königl. Sächs. 2. Feldartill.-Regt. Nr. 28	1872	Bautzen	XII. AK
2. Württ. Feldartill.-Regt. Nr. 29 Prinzregent Luitpold von Bayern	1736	Ludwigsburg	XIII. AK
2. Badisches Feldartill.-Regt. Nr. 30	1872	Rastatt	XIV. AK
1. Unter-Elsässisches Feldartill.-Regt. Nr. 31	1881	Hagenau	XXI. AK
Königl. Sächs. 3. Feldartill.-Regt. Nr. 32	1889	Riesa	XIX. AK
1. Lothringisches Feldartill.-Regt. Nr. 33	1890	Metz	XVI. AK
2. Lothringisches Feldartill.-Regt. Nr. 34	1890	Metz	XVI. AK
1. Westpreuß. Feldartill.-Regt. Nr. 35	1890	Deutsch-Eylau	XX. AK
2. Westpreuß. Feldartill.-Regt. Nr. 36	1890	Danzig	XVII. AK
2. Litthauisches Feldartill.-Regt. Nr. 37	1899	Insterburg	I. AK
Vorpommersches Feldartill.-Regt. Nr. 38	1899	Stettin	II. AK
Kurmärkisches Feldartill.-Regt. Nr. 39	1899	Perleberg	III.AK
Altmärkisches Feldartill.-Regt. Nr. 40	1899	Burg	IV. AK
2. Niederschles. Feldartill.-Regt. Nr. 41	1899	Glogau	V. AK
2. Schlesisches Feldartill.-Regt. Nr. 42	1899	Schweidnitz	VI. AK
Clevesches Feldartill.-Regt. Nr. 43	1899	Wesel	VII. AK
Triersches Feldartill.-Regt. Nr. 44	1899	Trier	VIII. AK
Lauenburgisches Feldartill.-Regt. Nr. 45	1899	Altona-Rendsburg	IX. AK
Niedersächsisches Feldartill.-Regt. Nr. 46	1899	Wolfenbüttel-Celle	X. AK
2. Kurhess. Feldartill.-Regt. Nr. 47	1899	Fulda	XI. AK
Königl. Sächs. 4. Feldartill.-Regt. Nr. 48	1899	Dresden	XII. AK
3. Württemb. Feldartill.-Regt. Nr. 49	1899	Ulm	XIII. AK
3. Badisches Feldartill.-Regt. Nr. 50	1899	Karlsruhe	XIV. AK
2. Ober-Elsässisches Feldartill.-Regt. Nr. 51	1899	Straßburg i. E.	XV. AK
2. Ostpreußisches Feldartill.-Regt. Nr. 52	1899	Königsberg i. Pr.	I. AK
Hinterpommersches Feldartill.-Regt. Nr. 53	1899	Bromberg-Hohensalza	II. AK
Neumärkisches Feldartill.-Regt. Nr. 54	1899	Cüstrin	III. AK
2. Thüringisches Feldartill.-Regt. Nr. 55	1899	Naumburg a. S.	XI. AK
2. Posensches Feldartill.-Regt. Nr. 56	1899	Lissa	V. AK
2. Oberschlesisches Feldartill.-Regt. Nr. 57	1899	Neustadt i. Oberschles.	VI. AK
Mindensches Feldartill.-Regt. Nr. 58	1899	Minden	VII. AK
Bergisches Feldartill.-Regt. Nr. 59	1899	Köln	VIII. AK
Großherzogl. Mecklenburg Feldartill.-Regt. Nr. 60	1899	Schwerin	IX. AK
2. Großherzogl. Hessisches Feldartill.-Regt. Nr. 61	1899	Darmstadt-Babenhausen	XVIII. AK
Ostfriesisches Feldartill.-Regt. Nr. 62	1899	Oldenburg-Osnabrück	X. AK

Regiments-Name	Errichtungsjahr	Standort	Armee-Korps
2. Nassauisches Feldartill.-Regt. Nr. 63 Frankfurt	1899	Frankfurt a. M.	XVIII. AK
Königl. Sächs. 5. Feldartill.-Regt. Nr. 64	1901	Pirna	XII. AK
4. Württemb. Feldartill.-Regt. Nr. 65	1899	Ludwigsburg	XIII. AK
4. Badisches Feldartill.-Regt. Nr. 66	1899	Lahr	XV. AK
2. Unter-Elsässisches Feldartill.-Regt. Nr. 67	1899	Hagenau-Bischweiler	XXI. AK
Königl. Sächs. 6. Feldartill.-Regt. Nr. 68	1899	Riesa	XIX. AK
3. Lothringisches Feldartill.-Regt. Nr. 69	1899	St. Avold	XVI. AK
4. Lothringisches Feldartill.-Regt. Nr. 70	1899	Metz-Saarlouis	XVI. AK
Feldartill.-Regt. Nr. 71 Groß-Komtur	1899	Graudenz	XVII. AK
Feldartill.-Regt. Nr. 72 Hochmeister	1899	Marienwerder-Stargard	XVII. AK
1. Masurisches Feldartill.-Regt. Nr. 73	1899	Allenstein	XX. AK
Torgauer Feldartill.-Regt. Nr. 74	1899	Torgau-Wittenberg	IV. AK
Mansfelder Feldartill.-Regt. Nr. 75	1899	Halle a. S.	IV. AK
5. Badisches Feldartill.-Regt. Nr. 76	1899	Freiburg i. B.	XIV. AK
Königl. Sächs. 7. Feldartill.-Regt. Nr. 77	1899	Leipzig	XIX. AK
König. Sächs. 8. Feldartill.-Regt. Nr. 78	1901	Wurzen	XIX. AK
3. Ostpreußisches Feldartill.-Regt. Nr. 79	1912	Osterode	XX. AK
3. Ober-Elsässisches Feldartill.-Regt. Nr. 80	1912	Colmar-Neubreisach	XV.AK
Thorner Feldartill.-Regt. Nr. 81	1912	Thorn	XVII. AK
2. Masurisches Feldartill.-Regt. Nr. 82	1912	Rastenburg-Lötzen	XX. AK
3. Rheinisches Feldartill.-Regt. Nr. 83	1912	Bonn-Düren	VIII. AK
Straßburger Feldartill.-Regt. Nr. 84	1912	Straßburg	XV. AK
Feldartillerie-Schießschule	1867	Jüterbog	Garde-K.

Fußartillerie

Garde-Fußartill.-Regt.	1865	Spandau	Garde-K.
Fußartill.-Regt. von Linger (Ostpreußisches) Nr. 1	1864	Königsberg i. Pr.	I. AK
Fußartill.-Regt. von Hindersin (1. Pommersches) Nr. 2	1865	Swinemünde-Emden	II. AK
Fußartill.-Regt. General-Feldzeugmeister (Brandenburgisches) Nr. 3	1864	Mainz	XVIII. AK
Fußartill.-Regt. Encke (Magdeburgisches) Nr. 4	1864	Magdeburg	IV. AK
Niederschlesisches Fußartill.-Regt. Nr. 5	1865	Posen	V.AK
Fußartill.-Regt. von Dieskau (Schlesisches) Nr. 6	1865	Neiße-Glogau	VI. AK
Westfälisches Fußartill.-Regt. Nr. 7	1864	Köln	VII. AK
Rheinisches Fußartill.-Regt. Nr. 8	1864	Metz	XVI. AK
Schleswig-Holsteinisches Fußartill.-Regt. Nr. 9	1893	Ehrenbreitstein	VIII. AK
Niedersächsisches Fußartill.-Regt. Nr. 10	1871	Straßburg i. E.	XV. AK
1. Westpreuß. Fußartill.-Regt. Nr. 11	1881	Thorn	XVII. AK
1. Königl. Sächs. Fußartill.-Regt. Nr. 12	1873	Metz	XIX. AK
Hohenzollernsches Fußartill.-Regt. Nr. 13	1805	Ulm-Breisach	XV. AK
Badisches Fußartill.-Regt. Nr. 14	1893	Straßburg i. E.	XIV. AK
2. Pommersches Fußartill.-Regt. Nr. 15	1893	Bromberg-Graudenz	II. AK
Lothringisches Fußartill.-Regt. Nr. 16	1912	Metz-Diedenhofen	XVI. AK
2.Westpreußisches Fußartill.-Regt. Nr. 17	1911	Danzig-Pillau	XVII. AK
Thüringisches Fußartill.-Regt. Nr. 18	1912	Niederzwehren (Cassel)	XI. AK
2. Königl. Sächs. Fußartill.-Regt. Nr. 19	1912	Dresden-Riesa	XII. AK
Lauenburgisches Fußartill.-Regt. Nr. 20	1912	Altona	IX. AK

Regiments-Name	Errich-tungsjahr	Standort	Armee-Korps
Fußartillerie-Schießschule	1867	Jüterbog	Garde-K.
Oberfeuerwerkerschule	1840	Berlin	—
Artillerie-Prüfungs-Kommission	1809	Berlin	Kriegsminist.

Pioniere

Garde-Pionier-Bataillon	1810	Berlin	Garde-K.
Pionier-Batl. Fürst Radziwill (Ostpreußisches) Nr. 1	1780	Königsberg i. Pr.	I. AK
Pommersches Pionier-Batl. Nr. 2	1816	Stettin	II. AK
Pionier-Batl. von Rauch (1. Brandenburgisches) Nr. 3	1741	Spandau	III. AK
Magdeburgisches Pionier-Batl. Nr. 4	1816	Magdeburg	IV. AK
Niederschlesisches Pionier-Batl. Nr. 5	1816	Glogau	V. AK
Schlesisches Pionier-Batl. Nr. 6	1816	Neiße	VI. AK
1. Westfälisches Pionier-Batl. Nr. 7	1816	Köln	VII. AK
1. Rheinisches Pionier-Batl. Nr. 8	1816	Koblenz	VIII. AK
Schleswig-Holsteinisches Pionier-Batl. Nr. 9	1866	Harburg	IX. AK
Hannoversches Pionier-Batl. Nr. 10	1804	Minden	X. AK
Kurhessisches Pionier-Batl. Nr. 11	1842	Hann.-Münden	XI. AK
Königl. Sächs. 1. Pionier-Batl. Nr. 12	1698	Pirna	XII. AK
Württemberg. Pionier-Batl. Nr. 13	1814	Ulm	XIII. AK
Badisches Pionier-Batl. Nr. 14	1850	Kehl	XIV. AK
1. Elsässisches Pionier-Batl. Nr. 15	1871	Straßburg i. E.	XV. AK
1. Lothringisches Pionier-Batl. Nr. 16	1881	Metz	XVI. AK
1. Westpreußisches Pionier-Batl. Nr. 17	1890	Thorn	XVII. AK
Samländisches Pionier-Batl. Nr. 18	1893	Königsberg i. Pr.	I. AK
2. Elsässisches Pionier-Batl. Nr. 19	1893	Straßburg i. E.	XV. AK
2. Lothringisches Pionier-Batl. Nr. 20	1893	Metz	XVI. AK
1. Nassauisches Pionier-Batl. Nr. 21	1901	Mainz	XVIII. AK
Königl. Sächs. 2. Pionier-Batl. Nr. 22	1899	Riesa	XIX. AK
2. Westpreußisches Pionier-Batl. Nr. 23	1907	Graudenz	XX. AK
2. Westfälisches Pionier-Batl. Nr. 24	1908	Köln	VII. AK
2. Nassauisches Pionier-Batl. Nr. 25	1909	Mainz	XVIII. AK
Masurisches Pionier-Batl. Nr. 26	1912	Graudenz	XX. AK
2. Rheinisches Pionier-Batl. Nr. 27	1912	Trier	XXI. AK
2. Brandenburgisches Pionier-Batl. Nr. 28	1913	Cüstrin	III. AK
Posensches Pionier-Batl. Nr. 29	1913	Posen	V. AK
3. Rheinisches Pionier-Batl. Nr. 30	1913	Ehrenbreitstein	VIII. AK

Verkehrstruppen

Eisenbahn-Regt. Nr. 1	1875	Berlin	Garde-K.
Eisenbahn-Regt. Nr. 2	1890	Hanau	XVIII. AK
Eisenbahn-Regt. Nr. 3	1893	Hanau	XVIII. AK
Eisenbahn-Regt. Nr. 4	1913	Berlin	Garde-K.
Telegraphen-Batl. Nr. 1	1899	Berlin	Garde-K.
Telegraphen-Batl. Nr. 2	1899	Frankfurt a. O.-Cottbus	III. AK
Telegraphen-Batl. Nr. 3	1899	Koblenz-Darmstadt	VIII. AK
Telegraphen-Batl. Nr. 4	1907	Karlsruhe-Freiburg	XIV. AK
Telegraphen-Batl. Nr. 5	1912	Danzig	XVII. AK
Telegraphen-Batl. Nr. 6	1913	Hannover	X. AK
Königl. Sächs. Telegraphen-Batl. Nr. 7	1913	Dresden	XII. AK
Kriegstelegraphenschule	1913	Spandau	Garde-K.
Luftschiffer-Batl Nr. 1	1884	Berlin	Garde-K.
Luftschiffer-Batl Nr. 2	1911	Berlin-Dresden	Garde-K.
Luftschiffer-Batl Nr. 3	1911	Köln-Düsseldorf	VIII. AK

Regiments-Name	Errichtungsjahr	Standort	Armee-Korps
Luftschiffer-Batl Nr. 4	1913	Mannheim-Metz	XIV. AK
Luftschiffer-Batl Nr. 5	1913	Graudenz	I. AK
Kurzfristig bestanden die Fliegerbataillone Nr. 1 - 4, sie wurden im Juni/Juli 1913 errichtet, aber bereits am 1. 10. 1913 wieder aufgelöst.			
Kraftfahr-Batl.	1911	Berlin	Garde-K.
Versuchs-Abteilung des Militär-Verkehrswesens	1890	Berlin	Garde-K.

Train

Garde-Train-Batl.	1853	Berlin	Garde-K.
Ostpreußisches Train-Batl. Nr. 1	1856	Königsberg i. Pr.	I. AK
Pommersches Train-Batl. Nr. 2	1853	Alt-Damm	II. AK
Brandenburgisches Train-Batl. Nr. 3	1853	Spandau	III. AK
Magdeburgisches Train-Batl. Nr. 4	1853	Magdeburg	IV. AK
Niederschlesisches Train-Batl. Nr. 5	1853	Posen	V. AK
Schlesisches Train-Batl. Nr. 6	1853	Breslau	VI. AK
Westfälisches Train-Batl. Nr. 7	1853	Münster	VII. AK
1. Rheinische Train-Batl. Nr. 8	1853	Coblenz	VIII. AK
Schleswig-Holsteinisches Train-Batl. Nr. 9	1866	Rendsburg	IX. AK
Hannoversches Train-Batl. Nr. 10	1866	Hannover	X. AK
Kurhessisches Train-Batl. Nr. 11	1854	Cassel	XI. AK
Königl. Sächs. 1. Train-Batl. Nr. 12	1849	Dresden-Bischofswerda	XII. AK
Württemberg. Train-Batl. Nr. 13	1871	Ludwigsburg	XIII. AK
Badisches Train-Batl. Nr. 14	1864	Durlach	XIV. AK
Elsässisches Train-Batl. Nr. 15	1871	Straßburg i. E.	XV. AK
Lothringisches Train-Batl. Nr. 16	1890	Saarlouis	XVI. AK
Westpreußisches Train-Batl. Nr. 17	1890	Danzig-Langfuhr	XVII. AK
Großherzogl. Hessisches Train-Batl. Nr. 18	1890	Darmstadt	XVIII. AK
Königl. Sächs. 2. Train-Batl. Nr. 19	1899	Leipzig	XIX. AK
Masurisches Train-Batl. Nr. 20	1912	Marienburg	XX. AK
2. Rheinisches Train-Batl. Nr. 21	1912	Forbach	XXI. AK

Königlich Bayerische Armee

Chef der Armee: Se. Majestät König Ludwig III.

Infanterie

Die Achselklappen der Infanterie-Regimenter in allen drei Armee-Korps waren rot, der Ärmelpatten-Vorstoß beim I. AK weiß, II. AK keinen, III. AK gelb.

Infanterie-Leib-Regt.	1814	München	I. (bayer.) AK
1. Infanterie-Regt. König	1778	München	I. AK
2. Infanterie-Regt. Kronprinz	1682	München	I. AK
3. Infanterie-Regt. Prinz Karl von Bayern	1698	Augsburg	I. AK
4. Inf.-Regt. König Wilhelm von Württemberg	1706	Metz	II. AK
5. Inf.-Regt. Großherzog Ernst Ludwig von Hessen	1722	Bamberg	II. AK
6. Inf.-Regt. Kaiser Wilhelm, König von Preußen	1725	Amberg	III. AK
7. Inf.-Regt. Prinz Leopold	1732	Bayreuth	III. AK
8. Inf.-Regt. Großherzog Friedrich II. von Baden	1753	Metz	II. AK
9. Inf.-Regt. Wrede	1803	Würzburg	II. AK
10. Inf.-Regt. König (bis 1913 Prinz Ludwig)	1682	Ingolstadt	III. AK
11. Inf.-Regt. von der Tann	1805	Regensburg	III. AK
12. Inf.-Regt. Prinz Arnulf	1814	Neu-Ulm	I. AK

Regiments-Name	Errichtungsjahr	Standort	Armee-Korps
13. Inf.-Regt. Franz Joseph I., Kaiser von Österreich und Apostolischer König von Ungarn	1806	Ingolstadt, III. Eichstädt	III. AK
14. Inf.-Regt. Hartmann	1814	Nürnberg	III. AK
15. Inf.-Regt. König Friedrich August von Sachsen	1722	Neuburg a. D.	I. AK
16. Inf.-Regt. Großherzog Ferdinand von Toskana	1878	Passau, I. Landshut	I. AK
17. Inf.-Regt. Orff	1878	Germersheim	I. AK
18. Inf.-Regt. Prinz Ludwig Ferdinand	1881	Landau	II. AK
19. Inf.-Regt. König Viktor Emanuel III. von Italien	1890	Erlangen	III. AK
20. Inf.-Regt. Prinz Franz	1897	Lindau, II. Kempten	I. AK
21. Inf.-Regt. Großherzog Friedrich Franz IV. von Mecklenburg-Schwerin	1897	Fürth, II. Sulzbach	III. AK
22. Inf.-Regt.	1897	Zweibrücken	II. AK
23. Inf.-Regt.	1897	Landau, II. Saargemünd, III. Lager Lechfeld	II. AK

Jäger

1. Jäger-Batl. König	1815	Freising	I. AK
2. Jäger-Batl.	1753	Aschaffenburg	II. AK

MG-Abteilung

1. MG-Abteilung	1913	Landau (zugeteilt 18. IR)	II. AK

Kavallerie

1. Schweres Reiter-Regt. Prinz Karl von Bayern	1814	München	I. AK
2. Schweres Reiter-Regt. Erzherzog Franz Ferdinand von Österreich-Este	1815	Landshut	I. AK
1. Ulanen-Regt. Kaiser Wilhelm II., König von Preußen	1863	Bamberg	II. AK
2. Ulanen-Regt. König	1863	Ansbach	II. AK
1. Chevaulegers-Regt. Kaiser Nikolaus von Rußland	1682	Nürnberg	III. AK
2. Chevaulegers-Regt. Taxis	1682	Regensburg	III. AK
3. Chevaulegers-Regt. Herzog Karl Theodor	1724	Dieuze	II. AK
4. Chevaulegers-Regt. König	1744	Augsburg	I. AK
5. Chevaulegers-Regt. Erzherzog Friedrich von Österreich	1776	Saargemünd	II. AK
6. Chevaulegers-Regt. Prinz Albrecht von Preußen	1803	Bayreuth	III. AK
7. Chevaulegers-Regt. Prinz Alfons	1905	Straubing	III. AK
8. Chevaulegers-Regt.	1909	Dillingen	I. AK

Feldartillerie

Regiments-Name	Errichtungsjahr	Standort	Armee-Korps
1. Feldartill.-Regt. Prinz-Regent Luitpold	1824	München	I. AK
2. Feldartill.-Regt. Horn	1824	Würzburg	II. AK
3. Feldartill.-Regt. Prinz Leopold	1848	Grafenwöhr	III. AK
4. Feldartill.-Regt. König	1859	Augsburg	I. AK
5. Feldartill.-Regt. König Alfons XIII. von Spanien	1890	Landau	II. AK
6. Feldartill.-Regt. Prinz Ferdinand von Bourbon, Herzog von Calabrien	1900	Fürth	III. AK
7. Feldartill.-Regt. Prinz-Regent Luitpold	1900	München	I. AK
8. Feldartill.-Regt. Prinz Heinrich von Preußen	1900	Nürnberg	III. AK
9. Feldartill.-Regt.	1901	Landsberg	I. AK
10. Feldartill.-Regt.	1901	Erlangen	III. AK
11. Feldartill.-Regt.	1901	Würzburg	II. AK
12. Feldartill.-Regt.	1901	Landau (Pfalz)	II. AK

Fußartillerie

1. Fußartill.-Regt. vakant Bothmer	1873	München, I. Neu-Ulm	I. AK
2. Fußartill.-Regt.	1873	Metz	II. AK
3. Fußartill.-Regt.	1912	Ingolstadt	III. AK

Pioniere

1. Pionier-Batl.	1900	München	I. AK
2. Pionier-Batl.	1872	Speyer	II. AK
3. Pionier-Batl. (früher 1.)	1872	Ingolstadt	II. AK
4. Pionier-Batl.	1912	Ingolstadt	III. AK

Verkehrstruppen

Eisenbahn-Bataillon	1873	München	I. AK
1. Telegraphen-Batl.	1901	München	I. AK
2. Telegraphen-Bat.	1912	München	I. AK
Luft- und Kraftfahr-Batl.	1911	München	I. AK
Flieger-Batl.	1911	Ober-Schleißheim	I. AK

Train

1. Train-Bataillon	1872	München	I. AK
2. Train-Bataillon	1872	Würzburg, III. Germersheim	II. AK
3. Train-Bataillon	1900	Fürth, I. Ingolstadt	III. AK

Die Bundesstaaten des Deutschen Reiches ab 1871

4 Königreiche
6 Großherzogtümer
5 Herzogtümer
7 Fürstentümer
3 Freie Städte
(unter Nennung der vor Kriegsausbruch regierenden Bundesfürsten sowie der Bügermeister)

Deutscher Kaiser: Wilhelm II., König von Preußen (seit 1888)

Königreiche:
Preußen (Wilhelm II., seit 1888)
Bayern (Ludwig III., Regent seit 12. 12. 1913, König seit 5. 11. 1913)
Sachsen (Friedrich August III., seit 1904)
Württemberg (Wilhelm II., seit 1891)

Großherzogtümer:
Baden (Friedrich II., seit 1907)
Hessen-Darmstadt (Ernst Ludwig, seit 1892)
Mecklenburg-Schwerin (Friedrich Franz IV., seit 1897)
Mecklenburg-Strelitz (Adolf Friedrich VI., seit 1914)
Sachsen-Weimar (Wilhelm Ernst, seit 1901)
Oldenburg (Friedrich August, seit 1900)

Herzogtümer:
Anhalt (Friedrich II., seit 1904)
Braunschweig (Regent Johann Albrecht, seit 1907; Ernst August 1913)
Sachsen-Altenburg (Ernst II., seit 1908)
Sachsen-Coburg und Gotha (Karl Eduard, seit 1900)
Sachsen-Meiningen (Georg II., seit 1866, bis 25. 6. 1914, gefolgt von Bernhard III.)

Fürstentümer:
Lippe-Detmold (Leopold IV., seit 1905)
Reuß ältere Linie (Heinrich XXIV., seit 1902)
Reuß jüngere Linie (Heinrich XXVII., seit 1913)
Schaumburg-Lippe (Adolf, seit 1911)
Schwarzburg-Rudolstadt (Günther, seit 1890)
Schwarzburg-Sondershausen (Karl Günther bis 1909, dann in Personalunion Günther, wie vor)
Waldeck-Pyrmont (Friedrich, seit 1893)

Freie Städte:
J. H. Eschenburg, Präsidierender Bürgermeister von Lübeck
Dr. C. A. Schröder, erster Bürgermeister von Hamburg
Dr. Barkhausen, Präsident des Senats Bremen

Die wichtigsten Militärmuseen in Europa

Der Sammler sollte die Möglichkeit nutzen, sich in den Militärmuseen mit den Gegenständen vertraut zu machen. Dies ist die beste und einfachste Möglichkeit, sich durch ständigen Vergleich und Beobachtung den Blick zu schärfen, um so die Spreu vom Weizen trennen zu können. Nachfolgend eine Aufzählung der wichtigsten Militär-Museen in Deutschland und Europa:

Belgien
Musée Royal l'Armée et d'Histoire Militaire, Bruxelles, Palais du Cinquantenair
Bulgarien
Centralnogo Muzeja Narodnoi Armii, Skobelev, Boulevard 23, Sofia
Dänemark
Tojhusmuseet, Frederiksholms Kanal 29, Kopenhagen
Deutschland
a) West:
Wehrgeschichtliches Museum, Schloß, 7550 Rastatt/Baden
Bayerisches Armeemuseum, Neues Schloß, 8070 Ingolstadt
Festungs- und Waffengeschichtliches Museum, 7522 Philippsburg 1
Kavallerie-Museum Vornholz, Schloß, 4743 Ostenfelde in Westfalen
Militär-Museum Schloß Bartenstein, 7181 Bartenstein/Württ.
Luftwaffen-Museum Uetersen, 2082 Uetersen
b) Ost:
Museum für Deutsche Geschichte (ehem. Zeughaus Berlin), X-108 Berlin
Armeemuseum der DDR, X-806 Dresden
England
National Army Museum, London SW 3 4 HT, Royal Hospital Road
Imperial War Museum, Lambeth Road, London, S. E. 1
Royal Air Force Museum, London
Royal Marines Museum, 22351 Portsmouth
Finnland
Militärmuseum, Maurinkatu 3, 00170 Helsinki 17
Frankreich
Musée de l'Armée, Paris 7 e, Hôtel National des Invalides
Musée de la Marine, Paris, Palais de Chaillot, place du Trocadero
Musée International des Hussards, 65 Tarbes (Hautes-Pyrénées) Jardin Massey
Musée Historique de la Ville de Strasbourg, Strasbourg, 2 Place du Château
Holland
Königlich Niederländisches Armeemuseum, Korte Geer 1, Delft
Maritim-Museum, Amsterdam
Luftfahrt-Museum, Soesterberg
Italien
Museo Nazionale della Montagna »Duca degli Abruzzi«, Via E. Giordino Nr. 37, 10131 Torino
Museo Nazionale Storico d'Artiglieria, Torino, Corso Galileo Ferraris
Museo Storico dei Bersaglieri, Roma, Piazza Porta Pia
Museo Nazionale di Castel Sant' Angelo, Roma, Lungotevere Castello
Museo Storico dell' Arma dei Carabinieri, Roma, Piazza del Risorgimento Nr. 46
Jugoslawien
Vojni Muzej, Belgrad, Kalemagdan
Norwegen
Haermuseet, Oslo 1, Akershus
Österreich
Heeresgeschichtliches Museum Wien, Arsenal Objekt 18, Wien III
Waffensammlung des Kunsthistorischen Museums, Neue Burg, Wien
Landeszeughaus Graz, Steiermark
Polen
Muzeum Wojska Polskiego, Al. Jerozolimskie 3, Warschau
Rumänien
Muzeul Militar Central, Izvor Street 137, Bukarest
Schweden
Kungl. Armémuseum, Riddargatan 13, Stockholm
Marinemuseum, Karlskrona, Amiralietsslätten
Schweiz
Musée Historique, CH-2013 Colombier, Château de Colombier
Historisches Museum, CH-6000 Luzern, Rathaus am Kornmarkt
Musée Militaire, CH-1110 Morges, Château
Altes Zeughaus Solothurn, Zeughausplatz 1, CH-4500 Solothurn
Waffen- und Trophäensammlung des Unteroffiziersvereins Hauptgasse 68, CH-4500 Solothurn
Schweizerisches Landesmuseum, Museumstr. 2, CH-8000 Zürich
Sowjetunion
Voenno-Istoritjeskij Musej Artillerij, Insjenernich Woisk i Woisk Swjasi, Lenin's Park 7, Leningrad
Centralnij Musej Vooruzhennijch Sil SSSR, Municipal Square 2, Moskau
Spanien
Museo Militar del Castillo de Montjuich, Barcelona 4
Tschechoslowakei
Vojenské Muzeum, U. Památniku 2, Prag 3
Ungarn
Hadtörténelmi Muzeum, Budapest, I. Tóth Arpád sétány (Promenade) No. 40

LITERATURVERZEICHNIS und benutzte Quellen:

v. Alt
Geschichte der Königl. Preußischen Kürassiere und Dragoner seit 1619 resp. 1631 - 1870, Berlin 1870,
Asbrand, gen. v. Porbeck, Viktor
Geschichte des Kgl. Preuß. Garde-Fuß-Artillerie-Regts., seiner Stammtruppenteile und Stämme. Berlin 1885,
Baer, Ludwig
Die Geschichte des deutschen Stahlhelms von 1915 bis 1945, Eschborn 1977,
Bayern
Bekleidungsvorschrift für die Offizierer, Sanitätsoffiziere und Beamten des Königl. Bayer. Heeres, München 1904, mit Deckblättern,
Die Feldgraue Friedens- und Kriegsbekleidung der Königl. Bayer. Armee, München 1916
Bekleidungsordnung, München 1904, mit Deckblättern,
Militär-Handbuch des Königreiches Bayern, München, verschied. Ausgaben,
Behringer, Ludwig
Die Bayerische Armee, König Maximilian II., München 1854, v. L. Behringer entworfen und auf Stein gezeichnet,
v. Blankenhorn, Erich
Führer durch das Historische Museum, Schloß Rastatt, 3 Bände 1960 - 1962,
Bleckwenn, Dr. Hans
Die Friderizianischen Unifromen 1753 - 1786, 4 Bde., Osnabrück 1984,
Das Altpeußische Heer, Erscheinungsbild und Wesen 1713 - 1807, 8 Bände, Osnabrück 1971,
Unter dem Preußen-Adler, Das Brandenburgisch-Preußische Heer 1640 - 1807, München 1978,
Bluth, Oskar
Uniform und Tradition, Berlin 1956,
Boeheim, W. v.
Handbuch der Waffenkunde, Leipzig 1890
Frhr. v. Brand, Eckert H.
Kadetten, Aus 300 Jahren deutscher Kadettenkorps, Band I, München 1981,
Brauer, Hans M./Knötel H.
Uniformbogen und Fahnentafeln, Fortlaufende Beiträge zur Uniformkunde, Taktik und Kriegsgeschichte, Berlin 1926 - 1932,
Braun, Louis/Müller, Karl
Die Organisation, Bekleidung, Bewaffnung und Ausrüstung der Königl. Bayer. Armee von 1806 - 1906. Von K. Müller und L. Braun. Text- und Tafelband. München o. J.,
Bredow-Wedel
Historische Rang- und Stammliste des deutschen Heeres, Berlin 1905. Reprint Verlag Olmes, Krefeld 1974,
Breslau
Historische Ausstellung Breslau, Katalog, Breslau 1913,
Coburg
Kunstsammlungen der Veste Coburg, ausgewählte Werke, Coburg 1969 ff.,
Damerau, H. u. G.
Deutsches Soldatenjahrbuch, München 1954 ff.,
Deiß, F. W.
Das Deutsche Soldatenbuch, Berlin 1928,
Der bunte Rock, 1800 - 1863
Zigarettenbilderalbum, eine Sammlung deutscher Uniformen des 19. Jahrh., Verlag Haus Neuerburg Köln a. Rh., o. J.,
Deutsches Reich
Deutsche Heeres-Uniformen auf der Weltausstellung in Paris 1900, Katalog,
Die Tradition
Informationen für Militaria-Sammler, Kundenzeitschrift der Fa. Jan K. Kube, München; Autor Peter Wacker. München ab 1981,
Dienstvorschrift
Dienstvorschrift für die K. Leibgarde der Hartschiere, München 1915,
Dresden, Histor. Museum (Hrsg.)
Führer durch das Köngl. Historische Museum, Dresden 1899,
Eckert, F. und Monten, D.
Das Deutsche Bundesheer, Frankfurt 1845, Reprint Osnabrück 1981,
Eisenhart-Rothe, Ernst/Schauwecker, Franz
So war die alte Armee, Berlin 1935,
Fahrmbacher, Hans
Führer durch das Königl. Bayer. Armeemuseum, München 1909, mit Tafelband, Verlag Wacker, 1912,
Feichtner, Carl
Bayer. Bürgermilitär und Gebirgsschützenkorps, Miesbach 1927,
Fiebig, E.
Husaren Heraus!, Berlin 1933,
Förster, G./Hoch, P./Müller, R.
Uniformen Europäischer Armeen, Berlin-Ost 1978,
Friese, Ulf-J., Lacina, Uwe
Die grauen Felduniformen der Deutschen Armee, Hamburg, Reprint der Ausgabe, Verlag Ruhl, Leipzig o. J.,
Gay, A./Fiedler, S.
Die Grenadiermützen Friedrichs des Großen, München 1981,
Gesellschaft f. Heereskunde
Zeitschrift für Heereskunde, Berlin 1929 ff. Offizielles Organ der Deutschen Gesellschaft für Heereskunde, Berlin,
Gohlke, W.
Geschichte der gesammelten Feuerwaffen bis 1850 (1914). Reprint Krefeld 1977,
Gräfe, Gebr.
Die Deutschen Helme vor Ausbruch des I. Weltkrieges, Emmendingen 1970,
Gritzner, M. v.
Ritter- und Verdienstorden, Leipzig 1893. Reprint 1962
Harell, John L.
Regimental Steins, Federick, Maryland, USA 1979,

Hauthal, Dr. Ferdinand
Geschichte der Sächsischen Armee, Leipzig 1859,
Helm und Ströbel
Die Feldgraue Friedens- und Kriegsbekleidung der Königl. Bayer. Armee, München 1916,
Henckel, Carl
Das Deutsche Heer, Militär-Informationstafeln, Dresden 1906 ff.,
Henneking, G. - Koch, W.
Die Uniform des deutschen Eisenbahners, Freiburg 1980,
Hermes, Sabina/Niemeyer, Joachim
Altbadisches Militär von der Vereinigung der Markgrafschaften bis zur Reichsgründung 1771 - 1871. Museum Schloß Rastatt, 1984,
Hessenthal, Edler v./Schreiber, G.
Die Ehrenzeichen des Deutschen Reiches, Berlin 1940,
Hiltl und Schindler
Preußens Heer unter Kaiser Wilhelm I., Berlin 1856,
Huber, Dr. P. Engelbert
Marie Gabrielle Prinzessin von Bayern, Diessen vor München 1914
Hübener, Frank
Reservistenkrüge und Reservistenpfeifen, München 1982,
v. Ilsemann, Sigurd
Der Kaiser in Holland, Aufzeichnungen des letzten Flügeladjutanten Kaiser Wilhelms II. aus Amerongen und Doorn 1918 - 1941, München 1967 - 1968, 2 Bände,
Jany, Curt
Geschichte der Preußischen Armee vom 15. Jahrhundert bis 1914, 6 Bände, Osnabrück 1967,
Käuffer
Geschichte des königl. bayerischen 9. Infanterie-Regiments Wrede von seinem Ursprung bis zur Gegenwart, Würzburg 1895,
Kersten, Fritz/Ortenburg, Georg
Hessisches Militär zur Zeit des Deutschen Bundes Beckum 1984,
Die Sächsische Armee von 1763 bis 1862, Beckum 1982,
Kling, C.
Geschichte der Bekleidung, Bewaffnung und Ausrüstung des Königl. Preußischen Heeres, 3 Bände, Weimar 1912,
Knötel, Herbert und Jantke, Pietsch, Collas
Das Deutsche Heer, Friedensuniformen bei Ausbruch des Weltkrieges, 4 Text- und Tafelbände mit Nachträgen. Hamburg 1935,
Knötel, Richard
Mitteilungen zur Geschichte der militärischen Tracht, Rathenow 1892 - 1921, Reprint 1980,
Handbuch der Uniformkunde, Leipzig 1896,
Knötel, Richard/Vogt, Hermann/Lohmeyer, Julius
Das Militärbilderbuch, Die Armeen Europas, Glogau o. J., Reprint 1979,
Knötel, Sieg H.
Farbiges Handbuch der Uniformkunde, Die Entwicklung der militärischen Tracht der deutschen Staaten, Österreich-Ungarns, Stuttgart 1985,
Koenig, Otto
Kultur und Verhaltensforschung, Deutscher Taschenbuchverlag 1970,
Krickel, G. und Lange, G.
Das Deutsche Reichsheer, Berlin 1892, mit Nachtrag,
Kries, A. v.
Geschichte des Kgl. Preuß. Kaiser Alexander Garde-Grenadier-Regts. Nr. 1, Berlin 1889,
Kube, Jan K.
Militaria der deutschen Kaiserzeit, Helme und Uniformen 1871 - 1914, München 1977,
Kürschner, J.
Armee und Marine, ein Handbuch. Braunschweig 1902,
Lainé, Didier
L'Armée Allemande en 1914, Das Deutsche Heer/The German Army, Paris 1984,
Lezius, Martin
Das Ehrenkleid des Soldaten, Berlin 1936,
Martin, Dr. Paul
Der Bunte Rock, Stuttgart 1969,
Menzel, Adolph v.
Die Armee Friedrichs des Großen in ihrer Uniformierung, Berlin 1908, Reprint Stuttgart-München 1978,
Mêricka, Vâclâv
Orden und Auszeichnungen, Prag 1966,
Orden und Ehrenzeichen der Österr.-Ungarischen Monarchie, Wien 1974,
Das Buch der Orden und Auszeichnungen, Prag 1966,
Mollo, John
Die Bunte Welt der Uniform, London-Stuttgart 1972,
Müller, H. und Kunter, H.
Europäische Helme, Berlin-Ost 1971,
Münich, Friedrich
Geschichte der Entwicklung der bayerischen Armee seit zwei Jahrhunderten (1618 - 1870), München 1864,
Nagyrévi, Neppel v., Georg
Husaren in der Weltgeschichte, Wiesbaden 1975, (ungarische Originalausgabe 1973),
Niemann, Alfred
Kaiser und Revolution, Berlin 1928,
Olmes, J.
Das Sponton, Jahrgänge 1965 ff., Krefeld, 1965 ff.,
Ortenburg, G.
Mit Gott für König und Vaterland, Das Preußische Heer 1807 - 1914, München 1978,
Osten-Sacken, v. d. und Casberg, Paul
Deutschlands Armee in feldgrauer Kriegs- und Friedensuniform, Berlin 1916,
Pelet-Narbonne, K. H.
Geschichte der Brandenburg-Preußischen Reiterei, Berlin 1905,
Perrot, A. M.
Historische Sammlung aller noch bestehenden Ritterorden der verschiedenen Nationen. Leipzig 1821, Reprint Dortmund 1980,
Pfannenberg, Leo v.
Geschichte der Schloß-Garde-Kompanie S. Maj. des Kaisers und Königs 1829-1909. Berlin 1909,

Pietsch, Paul
Formations- und Uniformierungsgeschichte des Preußischen Heeres 1808 - 1914, Berlin 1912 und Hamburg 1963 - 66, 2 Bände,
Preußen
Bekleidungsvorschrift für die Offiziere, Sanitätsoffiziere und Beamten des Königl. Preußischen Heeres, Berlin 1911, mit Deckblättern,
Bekleidungs-Ordnung, Berlin 1911, mit Deckblättern,
Das Königliche Zeughaus, Amtlicher Führer, Berlin 1914,
Rangliste der Königl. Preußischen Armee und des XIII. (Königl. württemb.) Armeekorps, Berlin, verschiedene Jahrgänge.
Vollständige Dienstaltersliste der Offiziere der königl. Preuß. Armee, des XIII (königl. württemb.) Armeekorps und der kaiserl. Schutztruppen mit Angabe des Datums der Patente zu den früheren Dienstgraden, nach den versch. Waffengattungen zusammengestellt, versch. Jahrg.,
Prömper, Ingo
Das Königl. Preußische Heer (1861 - 1865) in seiner gegenwärtigen Uniformierung, Zus. gest. und herausgegeben von F. W. Hammer, Tafeln gez. von A. v. Werner u. R. Meinhardt, Berlin 1862 - 1865, Verlag Beckum 1980,
Rabe, Edmund/Burger, Ludwig/Ortenburg, Georg
Die Brandenburg-Preußische Armee in historischer Darstellung, Beckum 1977,
Radecke, Erich
Geschichte des Polizei-Tschakos, Von der Alten Armee zur Polizei. Hilden 1981,
Rankin, Robert H.
Helmets and Headdress of the Imperial German Army 1870 - 1918, New Milford 1965,
Rascher, F.
Archiv für Waffen- und Uniformkunde, Illustrierte Zeitschrift für Forscher und Sammler. Frankfurt 1918 - 1919,
Rattelmüller, Paul Ernst
Das Bayerische Bürgermilitär, München 1969,
Rivier, Horst v.
Die Mützenbänder der Kaiserlich-Deutschen Marine 1848 - 1920, Kolbermoor 1980
Ruhl, Moritz (Verlag)
Die Uniform der Deutschen Armee, I. und II. Abteilung, Leipzig 1914
Die Graue Felduniform der Deutschen Armee, 1910,
Die Uniformen der Deutschen Marine, 1878, dto., 1907,
Die Deutschen Schutztruppen in Afrika, 1899 ff.,
Die neue Deutsche Reichswehr, 1919,
Sachsen
Rangliste der Königlich Sächsischen Armee, Dresden, verschiedene Jahrgänge
Schulz, Hugo F. W.
Die Preußischen Kavallerie-Regimenter 1913/14. Nach dem Gesetz vom 3. Juli 1913 - Friedberg 1985,
Die Bayerischen, Sächsischen und Württembergischen Kavallerie-Regimenter, Friedberg 1986,
Schwarze, Wolfgang
Die Uniformen der Preußischen Garde von ihrer Entstehung 1704 bis 1836, Wuppertal 1975,
v. Schwertfeger-Volkmann
Die Deutsche Soldatenkunde, 2 Bde., Leipzig 1937,
v. Seeger, Karl
Marschallstab und Kesselpauke, Tradition und Brauchtum in der deutschen und österreichisch-ungarischen Armee, Stuttgart 1937,
Sendtner, Kurt
Rupprecht von Wittelsbach Kronprinz von Bayern, München 1954,
v. Stadlinger, L. J.
Geschichte des Württembergischen Kriegswesens, Stuttgart 1856,
Staudinger, Karl
Geschichte des Bayerischen Heeres 1651 - 1918, 8 Bände, München 1901 - 1927,
Study
Königlich preußische Armee, Uniforms Abzeichen 1817,
Sturm Zigarettenbilderalbum
Deutsche Uniformen, Zeitalter Deutsche Freiheitskriege, Berlin 1934,
Teutsch, Bernhard v.-Lerchenfeld
Deutschlands Wehr zu Lande und zur See, Leipzig 1903,
Toeche-Mittler, v.
Armee-Märsche, 3 Bände, Neckargemünd 1975,
Transfeldt/v. Brand/Quenstedt
Wort und Brauch im deutschen Heer, Hamburg 1967,
Trost, L. J.
Die Ritter- und Verdienst-Orden, Ehrenzeichen und Medaillen aller Souveräne und Staaten. Wien Leipzig 1910,
Vollmer, Udo
Die Armee des Königreichs Hannover, Bewaffnung und Geschichte von 1803 - 1866, Schwäbisch Hall 1978,
Weiß, Otto
Feldgrau in Krieg und Frieden, Uniformtafeln nach der Kabinettsordre 1915, Berlin 1916,
Whittle, Tyler
Kaiser Wilhelm II., Biographie, München 1977,
Wohlfeil, Rainer-Dollinger Hans
Die Deutsche Reichswehr, Wiesbaden 1977,
Zentner, Rolf-L.
Deutsche Militärhelme 1895 - 1975. Bonn 1980,
Zeppelin, v. C.
Die Heere und Flotten der Gegenwart, Deutschland. Berlin 1896,
Zienert, J.
Unsere Marine-Uniform, Hamburg 1971
Zinnfigurenmuseum, Deutsches
Kulmbach, Plassenburg, Veröffentlichungen 1939 ff.,